Denise Dubé

Humaniser
la vieillesse

Catalogage avant publication de Bibliothèque et Archives Canada

Dubé, Denise, 1950-

Humaniser la vieillesse
2e éd.

Comprend des réf. bibliogr.

ISBN-13: 978-2-89544-097-0
ISBN-10: 2-89544-097-2

1. Personnes âgées – Psychologie. 2. Vieillissement – Aspect psychologique. 3. Personnes âgées – Santé mentale. 4. Vieillesse. I. Titre.

BF724.8.D82 2006 155.67 C2006-941249-9

Denise Dubé

Humaniser
la vieillesse

ÉDITIONS MULTIMONDES

ISBN 2-89544-097-2
Dépôt légal – Bibliothèque nationale du Québec, 2006
Dépôt légal – Bibliothèque nationale du Canada, 2006

ÉDITIONS MULTIMONDES
930, rue Pouliot
Québec (Québec) G1V 3N9
CANADA

Téléphone : 418 651-3885
Téléphone sans frais depuis l'Amérique du Nord : 1 800 840-3029
Télécopie : 418 651-6822
Télécopie sans frais depuis l'Amérique du Nord : 1 888 303-5931
multimondes@multim.com
http://www.multim.com

DISTRIBUTION EN LIBRAIRIE AU CANADA

PROLOGUE INC.
1650, boul. Lionel-Bertrand
Boisbriand (Québec) J7H 1N7
CANADA

Téléphone : 450 434-0306
Tél. sans frais : 1 800 363-2864
Télécopie : 450 434-2627
Téléc. sans frais : 1 800 361-8088
prologue@prologue.ca
http://www.prologue.ca

DISTRIBUTION EN FRANCE

LIBRAIRIE DU QUÉBEC
30, rue Gay-Lussac
75005 Paris
FRANCE

Téléphone : 01 43 54 49 02
Télécopie : 01 43 54 39 15
direction@librairieduquebec.fr
http://www.librairieduquebec.fr

DISTRIBUTION EN BELGIQUE

LIBRAIRIE FRANÇAISE ET QUÉBÉCOISE
Avenue de Tervuren 139
B-1150 Bruxelles
BELGIQUE

Téléphone : +32 2 732.35.32
Télécopie : +32 2 732.42.74
info@vanderdiff.com
http://www.vanderdiff.com/

DISTRIBUTION EN SUISSE

SERVIDIS SA
chemin des chalets 7
CH-1279 Chavanne-de-Bogis
SUISSE

Téléphone : (021) 803 26 26
Télécopie : (021) 803 26 29
pgavillet@servidis.ch
http://www.servidis.ch

Les Éditions MultiMondes reconnaissent l'aide financière du gouvernement du Canada par l'entremise du Programme d'aide au développement de l'industrie de l'édition (PADIÉ) pour leurs activités d'édition. Elles remercient la Société de développement des entreprises culturelles du Québec (SODEC) pour son aide à l'édition et à la promotion.

Gouvernement du Québec – Programme de crédit d'impôt pour l'édition de livres – gestion SODEC.

100 %

Imprimé sur du papier Rolland Enviro 100, contenant 100 % de fibres recyclées postconsommation, certifié Éco-Logo, procédé sans chlore et fabriqué à partir d'énergie biogaz.

IMPRIMÉ AU CANADA/PRINTED IN CANADA

À ma mère

AVANT-PROPOS

Le but de cet ouvrage est de donner aux adultes qui vivent avec des personnes âgées, aux intervenants qui œuvrent auprès d'elles, aux aidants naturels et à toute personne qui le désire une formation en psychologie gérontologique dans une perspective humaniste.

Les transformations dans le secteur de la santé entraîneront la participation de plusieurs nouveaux intervenants et aidants naturels auprès des personnes âgées. En effet, l'orientation des soins de santé vers le maintien à domicile et le fait que 90 % des aînés vivent à la maison exigeront davantage d'engagement de la part du milieu de vie de la personne âgée et nécessiteront une meilleure compréhension de cette étape de la vie adulte de la part des proches.

Cet ouvrage s'adresse donc à toutes les personnes qui, soit par leur travail, soit par leur relation avec les aînés, sont intéressées à mieux saisir la dynamique de la vieillesse, à se donner ou entretenir une vision positive de celle-ci et à faciliter le cheminement de la personne dans cette étape ultime du cycle de vie.

Ce livre se veut aussi une synthèse d'orientation humaniste des principales connaissances actuelles en psychologie gérontologique sur des thèmes pratiques et utiles à l'intervention. Son langage concret et simple vise à le rendre accessible à toutes les catégories de personnes.

Destiné à des adultes confrontés à des clientèles âgées, à la vieillesse de leurs parents et amis et à leur propre vieillissement, cet ouvrage favorisera l'apprentissage non seulement par l'assimilation des informations pertinentes mais aussi par un questionnement des attitudes et des gestes reliés à l'expérience quotidienne. Les exercices et les exemples qu'on trouve à l'intérieur des différents chapitres devraient permettre d'atteindre cet objectif.

Le vieillissement de la population québécoise est une réalité bien connue. Les statistiques montrent qu'à l'heure actuelle, environ 14 % de la population québécoise est âgée de 65 ans et plus. Ce pourcentage atteindra 21 % d'ici 2021 avec l'entrée dans la vieillesse de la génération de l'après-guerre qui est la plus nombreuse des cohortes. Cette situation rappelle l'importance de se préparer à la vieillesse, non seulement par l'instauration de politiques sociales visant un accroissement du bien-être physique et économique des personnes vieillissantes, mais par une réflexion plus approfondie sur la croissance et l'évolution psychologique des aînés, sur la réalisation de leur potentiel et sur la qualité de vie intérieure essentielle à toute vieillesse épanouie.

C'est pourquoi les propos et les thèmes développés dans ce livre s'inscriront dans une perspective humaniste donnant priorité à la croissance humaine durant la vieillesse plutôt qu'au déclin, aux attitudes plutôt qu'aux comportements, aux valeurs, au dépassement de soi et à la quête du sens de la vie.

Humaniser la vieillesse, c'est dépasser nos préoccupations économiques actuelles, nos tendances à tout réduire à l'argent, pour considérer la personne d'abord, la percevoir comme unique et membre à part entière de l'humanité. La personne âgée n'est pas qu'un corps à soigner, qu'un lit d'hôpital de plus ou de moins, qu'un montant d'argent à récupérer en vendant des voyages ou des condominiums de luxe. C'est une personne en croissance psychologique et spirituelle, préoccupée par la réalisation du meilleur d'elle-même, jusqu'au bout de sa vie.

Humaniser la vieillesse, c'est connaître et accepter les déclins physiques et psychologiques associés au vieillissement et lutter de toutes ses forces pour en réduire l'impact sur la qualité de vie. C'est surtout jeter un regard résolu sur les dynamismes qui demeurent et qui croissent avec le passage des années, les révéler à notre société que la fragilité effraie, et l'aider ainsi à tourner son regard vers les réalités plus durables de l'intériorité, là où réside la vraie force des aînés.

Humaniser la vieillesse, c'est découvrir en elle des êtres qui ont réalisé des défis, surmonté des épreuves, pris des responsabilités, acquis la richesse de l'expérience à transmettre, trouvé des chemins pour parvenir à la sérénité et à la paix du cœur et qui continuent de le faire quotidiennement. C'est prendre conscience, bien humblement, que ces gens nous ont précédés dans l'histoire et qu'ils ont quelque chose à nous dire sur la manière de chercher un sens à notre vie ou d'être heureux.

Humaniser la vieillesse, c'est la situer à sa juste place dans le cheminement de la vie : à son sommet. C'est contempler cette étape ultime comme un moment unique et indispensable dans la vie humaine : le temps de la manifestation de la plénitude de l'être, du courage dans les déclins, de la tendresse et de la compassion, de la tolérance et de la sollicitude, de l'amour et du dévouement. L'humanité peut-elle se passer de la vieillesse ?

Enfin, *Humaniser la vieillesse,* c'est espérer transformer des attitudes, changer des regards, rapprocher des personnes, libérer des peurs. Nous souhaitons que ce livre inspire compassion et amour pour tous les humains, spécialement pour ceux qui progressent en âge et, souhaitons-le, en sagesse.

Denise Dubé

TABLE DES MATIÈRES

Liste des figures

Liste des tableaux

Chapitre 1
LES ATTITUDES : UN POINT DE DÉPART OBLIGÉ

Le vieux est victime d'un malentendu
qui tient à la différence entre ce qu'il pense
de lui-même et ce qu'en disent les autres.

Alberto Moravia

Nos attitudes nous amènent quotidiennement à faire des choix qui orientent d'une manière fondamentale le déroulement de notre vie. Bien qu'elles soient parfois difficiles à déceler, nos attitudes et nos perceptions sont des sources importantes de motivation pour les gestes que nous posons. Les psychologues humanistes ont révélé, par leurs écrits, l'impact déterminant de ce monde intérieur sur le développement humain.

Mieux comprendre nos attitudes face au vieillissement, à la vieillesse et aux personnes âgées, repérer nos préjugés, qui bien souvent nous empêchent d'adopter une vision positive de l'âge avancé, c'est là le point de départ obligé d'une démarche visant une meilleure compréhension de la dernière étape de la vie. Car bien vieillir et aimer sa propre vieillesse, être en bons termes avec la vieillesse des autres, tout cela repose sur une connaissance de la psychologie gérontologique et sur le développement d'attitudes positives qui prennent racine dans une perception équilibrée du vieillissement.

Le but de ce chapitre est de poser un premier regard sur ces réalités. Deux tests précéderont une étude plus approfondie des mythes, stéréotypes et attitudes négatives associés à la vieillesse. Ces tests nous permettront de faire le point sur nos connaissances personnelles globales en gérontologie et sur nos perceptions concernant la vieillesse et les aînés.

L'exploration des études sur le monde des perceptions de la vieillesse et des attitudes envers elle, en plus de nous faire cheminer personnellement, nous entraînera un peu plus loin dans une réflexion sur notre vision sociale de celle-ci.

Début de la démarche

Nous entreprendrons notre démarche par deux tests permettant d'identifier et de clarifier des idées fausses et des stéréotypes sur le vieillissement. Dès le départ, il est important de nous situer personnellement face aux différents mythes, préjugés, stéréotypes positifs ou négatifs qui affectent notre perception à ce sujet.

Nous allons aussi, par ces tests, mesurer les connaissances déjà acquises, soit par des cours, soit autrement. En effet, comme bénévoles, travailleurs ou travailleuses auprès des personnes âgées ou simplement comme membres d'une famille, nous avons vécu des expériences et acquis certaines connaissances qu'il est important d'identifier.

Cet exercice deviendra aussi un instrument de prise de conscience de la tendance sociale actuelle au niveau des idées fausses véhiculées autour de nous, dans nos milieux de vie et de travail, au sujet de la vieillesse.

Cette première étape de notre démarche se veut enfin une occasion de croissance personnelle, alors que nous sera révélée notre tendance principale dans notre perception de la vieillesse et des personnes âgées.

Vos perceptions de la personne âgée

Cotez les énoncés suivants selon leur degré d'application à la personne âgée. Plus un énoncé s'applique, selon vous, plus vous le considérez comme vrai au sujet de la personne âgée, plus le chiffre que vous encerclez est élevé. À la fin du test, faites le total des chiffres encerclés et inscrivez-le à l'endroit indiqué.

Les personnes âgées selon vous :

1. accordent beaucoup d'importance à la religion,	5	4	3	2	1	0
2. sont plus inquiètes que les jeunes,	5	4	3	2	1	0
3. vivent de leurs souvenirs,	5	4	3	2	1	0
4. sont plus sensibles que les autres,	5	4	3	2	1	0
5. s'attendent à ce que leurs enfants s'occupent d'elles continuellement,	5	4	3	2	1	0
6. répètent souvent les mêmes choses,	5	4	3	2	1	0
7. sont incapables de s'adapter au changement,	5	4	3	2	1	0
8. ont une santé fragile,	5	4	3	2	1	0

9. ont peur de l'avenir,	5	4	3	2	1	0
10. sont riches ou à l'aise financièrement,	5	4	3	2	1	0
11. sont davantage sujets à être victimes de criminalité que les plus jeunes,	5	4	3	2	1	0
12. la retraite provoque chez eux des problèmes de santé et accélère le processus vers la mort,	5	4	3	2	1	0
13. passent leur temps à jouer aux cartes ou au bingo,	5	4	3	2	1	0
14. se préoccupent peu de leur apparence,	5	4	3	2	1	0
15. souffrent de solitude,	5	4	3	2	1	0
16. sont entêtées et maussades,	5	4	3	2	1	0
17. représentent un fardeau économique pour les autres générations,	5	4	3	2	1	0
18. ont tendance à se mêler des affaires des autres,	5	4	3	2	1	0
19. sont moins capables d'apprendre,	5	4	3	2	1	0
20. n'ont pas d'intérêt ou de capacités pour la vie sexuelle.	5	4	3	2	1	0

TOTAL : ☐

Plus votre total est élevé à ce test, plus votre niveau d'adhésion aux stéréotypes négatifs l'est aussi. Si vous avez entre 75 et 100, la lecture de ce livre pourra vous être très bénéfique. Si vous avez entre 50 et 75, ne vous découragez pas, mais il vous reste du travail à faire. Entre 25 et 50, vous échappez de justesse à la rigidité des fausses perceptions. De 0 à 25, vous avez une excellente perception des choses, mais poursuivez tout de même votre apprentissage.

Vos connaissances sur la vieillesse

Encerclez V (vrai) ou F (faux).

1. La majorité des personnes âgées sont séniles ou démentes.	V	F
2. Les cinq sens tendent à décliner avec l'âge.	V	F
3. La plupart des personnes âgées n'ont ni la capacité ni l'intérêt d'avoir des relations sexuelles.	V	F
4. La capacité pulmonaire tend à décliner avec le vieillissement.	V	F

5. La plupart des vieillards sont malheureux. V F
6. La force physique tend à décliner avec l'âge. V F
7. Au moins 15 % des personnes âgées demeurent dans des établissements de soins de longue durée (hôpitaux, centres d'accueil, etc.). V F
8. Les personnes âgées qui travaillent encore sont moins productives que les travailleurs plus jeunes. V F
9. Environ 80 % des personnes âgées sont suffisamment en santé et autonomes pour vaquer à leurs activités quotidiennes sans aide. V F
10. Les personnes âgées tiennent mordicus à leurs habitudes de vie, sont conservatrices et incapables de changer. V F
11. Les personnes âgées prennent habituellement plus de temps pour apprendre quelque chose de nouveau. V F
12. Il est pratiquement impossible pour la plupart des personnes âgées d'acquérir de nouvelles connaissances. V F
13. Le temps de réaction de la plupart des personnes âgées tend à être plus lent que celui de personnes plus jeunes. V F
14. En général, toutes les personnes âgées se ressemblent. V F
15. La majorité des personnes âgées s'ennuient rarement. V F
16. La majorité des personnes âgées sont isolées et souffrent de solitude. V F
17. Les travailleurs âgés ont moins d'accidents de travail que les travailleurs plus jeunes. V F
18. Plus de 20 % de la population québécoise est maintenant âgée de 65 ans et plus. V F
19. La plupart des professionnels de la santé (médecins, psychiatres, psychologues, travailleurs sociaux, etc.) accordent peu de place aux personnes âgées dans leur travail. V F
20. Les personnes âgées qui conservent leurs activités ont tendance à être plus heureuses que celles qui les réduisent. V F
21. La majorité des personnes âgées travaillent encore ou voudraient exercer une forme quelconque de travail (à la maison, bénévolat, etc.). V F

22. Les personnes âgées deviennent plus religieuses avec l'âge.	V	F
23. La majorité des personnes âgée sont rarement irritées ou en colère.	V	F
24. La personnalité ne change pas avec le vieillissement.	V	F
25. Les hommes et les femmes vieillissent différemment.	V	F

(Test adapté de Palmore, 1977.)

Voici les réponses au test des connaissances sur la vieillesse.

1. *La majorité des personnes âgées sont séniles ou démentes.* Cette affirmation est sans fondements. Au contraire, la plupart des personnes âgées ne sont pas perturbées mentalement. Cette vision négative est probablement due à la confusion entre démence et vieillissement cognitif normal. Au Canada, 8 % de la population âgée de 65 ans et plus répond aux critères de la démence (CCNTA, 2002). On estime que 5 % des gens âgés de plus de 65 ans sont atteints de la maladie d'Alzheimer (Société Alzheimer du Canada, 2006).

2. *Les cinq sens tendent à décliner avec l'âge.* Les études démontrent effectivement que tous les sens déclinent avec le vieillissement. En général, il est bien établi que toutes les fonctions sensorielles diminuent avec l'âge et que cette diminution tend à s'accélérer après la soixantaine. La vision, l'audition et le toucher sont davantage affectés par le déclin. Cependant, les études démontrent que le sens du goût se perd très peu avec l'âge, tandis que l'habileté sensorielle de l'odorat diminue (Mishara et Riedel, 1994).

3. *La plupart des personnes âgées n'ont ni l'intérêt ni la capacité d'avoir des relations sexuelles.* Si vous avez encerclé « vrai » à cette affirmation, vous seriez porté à dire, avec d'autres personnes, que la sexualité fait partie des « meilleurs souvenirs » d'une personne âgée ! Cependant, selon les recherches de Masters et Johnson (1966, 1970, 1992), l'intérêt et la capacité d'avoir des relations sexuelles satisfaisantes se maintiennent pour les septuagénaires et les octogénaires des couples en santé. En ce qui a trait à la sexualité féminine, selon Masters et Johnson, elle n'a pas de limite d'âge et pour l'homme, c'est une question de condition physique et émotive.

4. *La capacité pulmonaire tend à décliner avec le vieillissement.* La capacité respiratoire maximum (le volume d'air qui peut être inspiré dans les poumons et en être expiré en 15 secondes) commence à diminuer à partir de l'âge de trente ans. Mishara et Riedel (1994) sont d'avis que le vieillissement s'accompagne généralement d'une diminution de l'efficacité pulmonaire.

5. *La plupart des vieillards sont malheureux*. Des études démontrent au contraire que le niveau de satisfaction des personnes âgées à l'égard de la vie est assez élevé (Berger et Mailloux-Poirier, 1993). Les aînés ayant une bonne santé mentale sont en mesure de contrôler leurs émotions, de maîtriser leur stress et de vivre dans un état de bien-être psychologique stable. La majorité des personnes âgées ne se sentent pas misérables la plupart du temps et déclarent avoir autant de bonheur que lorsqu'elles étaient plus jeunes (CCNTA, 2002).

6. *La force physique tend à décliner avec l'âge*. Les études confirment le déclin de la force physique entre 10 et 20 % jusqu'à l'âge de 70 ans, mais cette perte n'est pas irréversible car un programme d'exercices appropriés peut augmenter la force et la résistance (Papalia et Olds, 2005).

7. *Au moins 15 % des personnes âgées demeurent dans des établissements de soins de longue durée*. Cela est faux. Selon les statistiques, 17 % des Canadiens âgés de 65 ans et plus bénéficient de services à domicile et 6 % de cette population reçoit des soins en institution (Papalia et Olds, 2005). Au Québec, on estime à environ 4 % le taux d'hébergement en soins longue durée des personnes âgées de 65 ans et plus (ISQ, 2004). De ce groupe d'âge, ce sont les aînés de 85 ans et plus qui sont les plus susceptibles d'être hébergés en institution.

8. *Les personnes âgées qui travaillent encore sont moins productives que les travailleurs plus jeunes*. La majorité des travailleurs âgés peuvent travailler aussi efficacement que les plus jeunes. Les études au sujet des travailleurs âgés prouvent qu'ils ont d'aussi bonnes performances que les travailleurs plus jeunes, sinon, meilleures, malgré les déclins de perception et de vitesse de réaction mesurés en laboratoire. Lorsque la vitesse de réaction est importante, les travailleurs âgés produisent quelquefois à de plus faibles niveaux, mais ils sont au moins aussi précis et stables au travail que les plus jeunes. De plus, les travailleurs âgés ont un taux d'absentéisme moins élevé, ont moins d'accidents et ont un rendement plus constant (Riley et Foner, 1968 ; Mishara et Riedel, 1994 ; Birren et Schaie, 2005).

9. *Environ 80 % des personnes âgées sont suffisamment en santé et autonomes pour vaquer à leurs activités quotidiennes sans aide*. C'est en effet la conclusion à laquelle arrivent Berger et Mailloux-Poirier (1993).

10. *Les personnes âgées tiennent mordicus à leurs habitudes de vie, sont conservatrices et incapables de changer*. La personne âgée tend à devenir plus stable dans ses attitudes, mais il est aussi clair que la plupart des personnes âgées changent et s'adaptent aux événements de la vieillesse : retraite, départ des enfants, veuvage, déménagement, maladie sérieuse. La personne âgée, lors de

situations nouvelles, est capable de s'adapter, au même titre que toute autre personne. Des chercheurs québécois, Leclerc et Proulx (1984), vont même jusqu'à suggérer que l'adaptabilité, chez les personnes âgées, serait un des dynamismes les plus évidents.

11. *Les personnes âgées prennent habituellement plus de temps pour apprendre quelque chose de nouveau.* C'est ce que confirment diverses recherches, telle celle de Botwinick, 1967.

12. *Il est pratiquement impossible pour la plupart des personnes âgées d'acquérir de nouvelles connaissances.* Cela est faux. La capacité d'apprentissage se maintient chez les personnes âgées ; celles-ci peuvent acquérir de nouvelles connaissances avec du temps et dans certaines conditions favorables (Hétu, 1992). Plusieurs universités et collèges offrent des programmes de formation continue adaptés aux besoins des personnes âgées qui les fréquentent de plus en plus.

13. *Le temps de réaction de la plupart des personnes âgées tend à être plus lent que celui des personnes plus jeunes.* C'est un des faits les mieux documentés au sujet du processus du vieillissement. Beaucoup de recherches en gérontologie font état de cette réalité du ralentissement du temps de réaction lors de la vieillesse (Botwinick, 1967 ; Schaie, 1973 ; Horn et Donaldson, 1976 ; Baltes et Schaie, 1976). Des mesures du temps de réaction des performances lors de tâches intellectuelles accélérées, du temps requis pour maîtriser un nouveau matériel, de la performance au travail et dans une grande variété d'autres tâches expérimentales ont montré un ralentissement faible mais constant en fonction de l'âge plus avancé. Le ralentissement général de l'adulte d'âge avancé serait à la base du ralentissement dans la réalisation de beaucoup d'opérations cognitives (Salthouse, 1996).

14. *En général toutes les personnes âgées se ressemblent.* Les personnes âgées ne sont pas toutes semblables. En fait, il appert que les gens, en vieillissant, deviennent plus différents et hétérogènes sur plusieurs plans (Maddox et Douglas, 1974 ; Eisdorfer et Fann, 1973 ; Kalish, 1975). Il y a beaucoup de différences individuelles entre les personnes âgées, et ce, par rapport à toutes sortes de caractéristiques : les habiletés intellectuelles, la personnalité, les attitudes et beaucoup d'autres variables d'ordre physique et social. On n'a toutefois pas déterminé si cette différence est due à l'identité personnelle qui devient de plus en plus raffinée avec l'âge ou si les gens âgés ont reçu une éducation moins uniforme que les plus jeunes. Quoi qu'il en soit, cette découverte sur les différences individuelles accrues avec l'âge contredit d'une manière directe le stéréotype selon lequel les personnes âgées forment un

groupe de personnes qui se ressemblent. En effet, les personnes âgées ne constituent pas un groupe socialement homogène (Roy, 1998). Par exemple, le groupe des 65-74 ans serait plus dynamique et moins dépendant que celui des 75 ans et plus et les personnes âgées de ces différents groupes exercent une grande solidarité entre elles. Cependant, les différences s'estompent dans la tête des gens pour faire place à une catégorie unifiée : « les vieux ».

15. *La majorité des personnes âgées s'ennuient rarement.* Certaines recherches démontrent en effet que seulement 17 % des personnes âgées ont de la difficulté à se trouver une occupation (Harris, 1975) et que les deux tiers des personnes âgées déclarent ne s'être jamais vraiment ennuyées (Dean, 1962).

16. *La majorité des personnes âgées sont isolées et souffrent de solitude.* Les études de Harris (1974, 1981) révèlent, au contraire, que 12 % seulement des personnes âgées en 1974 et 13 % en 1981 avouaient qu'elles vivaient un sérieux problème de solitude. À peu de chose près ces chiffres ont été maintes fois confirmés dans d'autres milieux. À la lumière de ces résultats, il faut conclure que le stéréotype sur la solitude des gens âgés, si puissant soit-il, n'a pas de fondement empirique solide. En effet, certaines études révèlent que la solitude augmente avec l'avancée en âge et d'autres affirment le contraire. Certaines recherches n'ont découvert aucun lien entre l'âge et la solitude (Hall et Havens, 2002). Cependant, on reconnaît généralement que la solitude est plus fréquente chez les personnes veuves (Forbes, 1996) et que la vie dans une institution ou dans un hôpital à soins de longue durée contribue à la solitude des personnes âgées (Hicks, 2000). Le manque de relations intimes, l'augmentation de la dépendance et les pertes (d'amis, de résidence, d'activités), dans ce cas, génèrent le sentiment d'isolement social. D'autres études révèlent aussi un lien direct entre la solitude de certains aînés et leur état de santé. Ainsi, la solitude pourrait prédisposer les personnes âgées à développer des problèmes de santé mentale, notamment la dépression. La solitude pourrait aussi avoir un effet négatif sur le système immunitaire et entraîner ainsi des problèmes de santé physique (Russel, 1997).

17. *Les travailleurs âgés ont moins d'accidents de travail que les plus jeunes travailleurs.* La plupart des études menées sur le sujet tendent à démontrer ce fait (Mishara et Riedel, 1994).

18. *Plus de 20 % de la population québécoise est maintenant âgée de 65 ans et plus.* Cela est faux. Les statistiques récentes révèlent que 14 % des Québécois sont maintenant âgés de 65 ans et plus (ISQ 2004).

19. *La plupart des professionnels de la santé (médecins, psychiatres, psychologues, travailleurs sociaux, etc.) accordent peu de place aux personnes âgées dans leur travail.* Une série de recherches menées auprès de professionnels de la santé révèlent que ces travailleurs tendent à croire les stéréotypes négatifs sur le vieillissement et préfèrent travailler avec les plus jeunes (Garfinkel, 1975 ; Miller, Loweinstein et Winston, 1976 ; Mills, 1972 ; Solomon, 1983). D'ailleurs, selon Hétu (1992), plusieurs recherches démontrent que les stéréotypes à l'endroit des personnes âgées sont aussi fréquents chez les intervenants que dans l'ensemble de la population.

20. *Les personnes âgées qui conservent leurs activités ont tendance à être plus heureuses que celles qui les réduisent.* Des recherches tendent à démontrer que la satisfaction durant la vieillesse n'est pas nécessairement reliée à l'activité ou au manque d'activités, mais plutôt au processus d'adaptation, dans lequel la personnalité serait un élément important. En d'autres mots, certaines personnes âgées ont besoin de rester actives et d'autres de passer à plus de tranquillité et de solitude (Neugarten, 1973, 1977). Les personnes âgées trouvent diverses réponses à la question du vieillissement réussi.

21. *La majorité des personnes âgées travaillent encore ou voudraient exercer une forme quelconque de travail* (à la maison, bénévolat, etc.). Effectivement, plus de 75 % des répondants âgés d'une recherche de Harris (1975) travaillent ou aimeraient le faire, que ce soit bénévolement ou non.

22. *Les personnes âgées deviennent plus religieuses avec l'âge.* Non, les gens âgés ne tendent pas à devenir plus religieux avec l'âge. Certaines générations présentent des caractéristiques plus religieuses que d'autres, mais ce n'est pas un effet de l'âge (Blazer et Palmore, 1976).

23. *La majorité des personnes âgées sont rarement irritées ou en colère.* Peu de recherches font état de l'émotivité et de l'affectivité chez la personne âgée. Les études de Dean (1962) et de Neugarten (1968) ont cependant révélé que peu de personnes âgées ou en colère affirment être souvent irritées.

24. *La personnalité ne change pas avec le vieillissement.* Bien que les recherches tendent à prouver la stabilité de la personnalité durant toute la vie, les études de Neugarten (1977) suggèrent un changement relié à l'âge, soit *une augmentation de l'intériorité.* Cette dernière se définit comme un processus intrapsychique de repli sur soi, la personne devenant plus introspective, plus préoccupée par le sens de sa vie. L'intériorité est différente de l'introversion qui, elle, demeure stable tout au long de la vie (Costa *et al.*, 1983). Il est possible que la personne devienne plus préoccupée par le sens de sa vie tout en demeurant active et engagée socialement.

25. *Les hommes et les femmes vieillissent différemment.* Le vieillissement est différent dans divers sous-groupes, comme tendent à le démontrer certaines études. Par exemple, les hommes et les femmes vieillissent différemment et ont tendance à adopter les caractéristiques du sexe opposé à mesure qu'ils vieillissent (Schlossberg, 1984). Veroff, Kulka et Douvan (1981) décrivent aussi un effet de croisement dans le comportement de recherche d'aide : les hommes ont plus tendance à rechercher une aide extérieure en vieillissant, alors que les femmes ont moins tendance à le faire. L'expérience du vieillissement est vraisemblablement différente entre les groupes raciaux et ethniques aussi bien qu'entre les classes sociales (Holzberg, 1982 ; Neugarten et Hagestad, 1976).

À la suite de cette mise en situation, il vous est déjà possible de repérer les mythes et les réalités de la psychologie gérontologique. Peut-être avez-vous aussi cerné quelques lacunes dans vos connaissances en rapport avec la gérontologie.

Les faits concernant le vieillissement et les découvertes générales de la gérontologie devraient nous amener, comme société, à une meilleure connaissance et à une plus juste perception des personnes âgées et de la vieillesse. Malheureusement et malgré l'accumulation de résultats de recherches sur le vieillissement, les personnes âgées sont toujours l'objet de différents mythes, stéréotypes et attitudes négatives qui briment leur croissance humaine et leur santé mentale.

Une méconnaissance de la vieillesse : les mythes

Un mythe est une construction de l'esprit qui ne repose pas sur la réalité (Berger et Mailloux-Poirier, 1993). Nous pouvons reconnaître le mythe relatif à la vieillesse à travers des expressions toutes faites ou des euphémismes tels « Elle a l'air jeune pour son âge. » « Il est bon pour son âge. » Les mythes que nous entretenons au sujet des personnes âgées sont nombreux et parfois tenaces. Ebersole (1985) en a répertorié quelques-uns, que vous avez déjà lus dans le deuxième test ci-dessus, à savoir :

1. La majorité des personnes âgées sont séniles ou démentes.
2. La plupart des vieillards sont malheureux.
3. Les personnes âgées ne sont pas aussi productives que les jeunes sur le plan du travail.

4. La plupart des personnes âgées sont malades et ont besoin d'aide dans leurs activités quotidiennes.
5. Les personnes âgées tiennent mordicus à leurs habitudes de vie, sont conservatrices et incapables de changer.
6. Toutes les personnes âgées se ressemblent.
7. La majorité des personnes âgées sont isolées et souffrent de solitude.

Ces perceptions biaisées de la réalité de la vieillesse sont corrigées par des recherches qui tendent à infirmer ces affirmations non fondées. Les faits et les découvertes générales en gérontologie viennent rectifier certaines conceptions erronées et assurer une base plus solide à nos connaissances.

La méconnaissance du vieillissement qui se reflète dans les mythes apparaît aussi à travers les stéréotypes.

Des perceptions faussées : les stéréotypes

Le stéréotype est un ensemble d'idées préconçues, de croyances ou d'opinions souvent fausses, attribuées de manière générale à l'ensemble des membres d'un groupe. C'est un cliché, une formule banale dépourvue de toute originalité, une perception automatique qui peut être positive ou négative. Malheureusement, les stéréotypes sont plutôt négatifs dans notre société au sujet des personnes âgées. Champagne et Frenette (1984) ont identifié 14 stéréotypes qu'ils ont ensuite testés auprès de la population. Selon leur liste, les personnes âgées

1. sont sociables et aiment se rassembler,
2. ont du plaisir et aiment rire,
3. craignent l'avenir,
4. aiment jouer aux cartes et autres jeux semblables,
5. aiment placoter et raconter leurs souvenirs,
6. aiment dépendre de leurs enfants,
7. sont malades et prennent beaucoup de médicaments,
8. radotent,
9. sont plus ou moins propres et ne se soucient pas de leur apparence,
10. sont très religieuses et prient beaucoup,
11. sont très sensibles et anxieuses,
12. ne s'intéressent plus à la sexualité,

13. sont trop fragiles pour faire de l'exercice physique,

14. sont plutôt pauvres.

L'existence de stéréotypes a vraiment pu être confirmée dans sept cas, soit les stéréotypes 3, 5, 6, 7, 8, 10 et 11. Nous pouvons constater que ces stéréotypes sont négatifs et véhiculent des images d'insécurité, de faiblesse, de déclins, de diminution des facultés, de dépendance et d'isolement. La plupart de ces stéréotypes négatifs se retrouvaient dans le premier test effectué au début de votre démarche.

Pour sa part, Schonfield (1982) a montré dans sa recherche que, sur dix stéréotypes négatifs, trois avaient été endossés par une majorité de répondants à savoir: la *rigidité*, la *religiosité* et la *solitude* des personnes âgées.

Lubomudrov (1987), enfin, présente deux sortes de stéréotypes au sujet de la personne âgée: le stéréotype habituel, négatif, constitué de faiblesse, d'isolement, de perte des facultés, etc., et un stéréotype positif, plus nouveau, fait de sagesse, de richesse et d'expérience. Selon le Conseil consultatif national sur le troisième âge (CCNTA, 1990; Conseil des aînés, 2001), il existe maintenant un nouveau stéréotype: les personnes âgées sont à l'aise, vivent trop longtemps à la charge de l'État, consomment des loisirs, gaspillent des fonds publics qu'on pourrait affecter à un meilleur usage, notamment l'aide à l'enfance.

Une étude effectuée par Kart (1997) propose d'autres stéréotypes: les aînés sont davantage sujets à être victimes de criminalité que les plus jeunes, la retraite provoque chez eux des problèmes de santé conduisant à la mort, la majorité des aînés finissent leurs jours dans des institutions mises en place pour eux.

En conclusion, voici ce que donnerait le portrait d'une personne âgée si on regroupait la plupart des stéréotypes que nous entretenons et qui sont aussi véhiculés dans notre société.

Elle a les cheveux blancs et se complaît à ne rien faire; elle est inoffensive, peut vivre de peu de choses et ne se fâche pas si on l'exploite. Elle n'est pas folle, juste un peu simple d'esprit; elle n'a pas de vie sexuelle car les gens âgés en sont incapables; si elle en a une, c'est qu'elle se moque des convenances. Elle est inapte au travail et peut faire un gâchis des travaux les plus simples. Lui rendre visite ou lui témoigner de la sympathie sont des gestes qui passent pour de bonnes actions, bien que la plupart des personnes âgées préfèrent s'enfermer dans leur coquille ou fréquenter des gens de leur âge.

Une personne âgée pense et se déplace lentement. Elle n'est plus aussi vive d'esprit et manifeste moins de créativité qu'auparavant. Elle est imbue d'elle-même et ne peut plus changer ou croître. Elle n'apprend ni bien ni rapidement, et même si elle le pouvait, elle ne le voudrait pas. Attachée à ses habitudes personnelles et à son conservatisme grandissant, elle n'aime pas les innovations et ne s'intéresse pas aux idées nouvelles. Non seulement elle n'avance pas, mais souvent elle recule. Elle entre dans une seconde enfance, gagne en égocentricité et demande plus de son entourage qu'elle n'est disposée à donner en retour. Parfois, elle devient une sorte de « condensé » d'elle-même, une caricature de la personnalité qu'elle a acquise au fil des ans ; elle devient alors irritable et bourrue, bornée et affaiblie. Elle vit dans le passé... Elle est sans but et souvent confuse, répétant et bavardant sans cesse. De plus, elle « baisse » sur toute la ligne : son physique s'en va, son esprit défaille. Elle a perdu et ne peut plus remplacer ses amis, son conjoint, son travail, son statut, sa force, son influence et ses revenus. Elle est souvent frappée par des maux qui, en retour, restreignent ses mouvements, son goût pour la bonne chère et les plaisirs de la vie. Elle a perdu le goût et la capacité du sexe. Son corps se rétracte, le flot sanguin n'irrigue plus suffisamment son cerveau. Son fonctionnement cérébral n'utilise plus l'oxygène et le sucre comme il se doit. Faible, non intéressante, elle attend la mort et devient une charge pour la société, pour sa famille et pour elle-même (Butler, 1975 ; Comfort, 1976).

Que pensez-vous de ce portrait ?

Y a-t-il des phrases, des images qui vous rejoignent ?

Reconnaissez-vous des idées répandues dans votre entourage, des paroles déjà prononcées par quelqu'un ?

Les stéréotypes n'ont pas plus de base réelle que les mythes. Ce sont des opinions toutes faites, généralisées, qui cachent le vrai visage de l'âge. Les stéréotypes peuvent être positifs et négatifs. Cependant, les croyances véhiculées dans la société au sujet des aînés ont tendance à être plutôt négatives. Actuellement, on considère que les stéréotypes persistent mais de façon plus subtile (Conseil des aînés, 2001).

Une vieillesse en malaise : les attitudes négatives

Les stéréotypes négatifs et les mythes au sujet du vieillissement peuvent conduire à des attitudes négatives dans nos relations avec les personnes âgées. Une attitude est une disposition à l'égard d'une personne ou d'un groupe, un ensemble de jugements qui conduit à un comportement, qui pousse à agir

(Berger et Mailloux-Poirier, 1993). Trois attitudes sont repérées comme particulièrement négatives envers les personnes âgées : la *gérontophobie*, l'*âgisme* et l'*infantilisation*.

La *gérontophobie* est la crainte de tout ce qui se rapporte au vieillissement et à la vieillesse. Cette attitude négative est assez répandue non seulement chez les soignants, mais aussi dans l'ensemble de la population. Elle entraîne un blocage affectif qui peut provoquer la réticence à communiquer avec les personnes âgées, la fuite devant tout ce qui a rapport au vieillissement. La gérontophobie se manifeste souvent par des attitudes autoritaires et même despotiques à l'égard des aînés dues à la négation des limites associées au vieillissement et des attitudes défaitistes, qui insistent sur l'impossibilité de faire quoi que ce soit avec les personnes âgées. La gérontophobie se retrouve aussi chez les personnes âgées elles-mêmes, particulièrement les femmes qui refusent leur propre vieillissement.

> *Il y a longtemps, maintenant, que Jacqueline ne lit plus la rubrique nécrologique du journal, de peur d'y voir les noms de ses voisins ou amis.*
>
> *Thérèse, 69 ans, vient de subir une opération pour le foie. Elle est plutôt faible et se plaint de douleurs. Son infirmière dispense tous les soins requis avec compétence mais adopte une attitude froide et dure avec elle (« Tournez-vous, que je vous change », « Arrêtez de crier, vous vous plaignez pour rien, c'est juste une petite coupure », « Levez-vous et marchez un peu, cessez de vous plaindre »). Cette attitude autoritaire blesse Thérèse qui est trop faible pour réagir. Cependant, elle en parle à sa fille et se demande bien pourquoi l'infirmière est si brusque avec elle.*

L'*âgisme,* tel qu'il a été défini par le gérontologue R. Butler (1969), est une attitude préjudiciable courante et une source de discrimination sociale fondée sur des croyances erronées ou des stéréotypes à l'égard du vieillissement et des personnes âgées. Il fait référence à toute forme de discrimination basée sur l'âge, qui devient un prétexte pour refuser à une personne âgée l'accès à certaines choses (« Voyons donc, papa, vous êtes trop vieux pour faire ça ! »). Le principe de base de l'âgisme est que les personnes âgées forment un groupe social défini par des caractéristiques entraînant des stéréotypes positifs (chaleur, bonté, expérience, sagesse) et des stéréotypes négatifs (passivité, dépendance, isolement, rigidité, faiblesse, etc.). Aux yeux du public, il y a plus de caractéristiques négatives que positives rattachées au vieillissement, et rares sont ceux qui ont hâte de vieillir !

L'âgisme dans notre société nord-américaine peut se manifester sous trois formes. Lorsque l'accent est mis sur les problèmes posés par la vieillesse, le besoin d'aide et la pauvreté des personnes âgées, l'âgisme est dit *compatissant*. Cette perception met de côté le fait que de nombreuses personnes âgées sont en bonne santé et apportent une contribution valable à la société. L'âgisme *conflictuel* décrit le groupe des aînés comme ayant une confortable sécurité financière, du pouvoir politique et imposant un fardeau financier aux générations montantes. Cette vision exacerbe le conflit entre les générations et atténue le poids des véritables enjeux sociaux, soit la précarité et le chômage des générations plus jeunes. Une troisième forme d'âgisme est l'*âgisme marketing*. Les aînés ont un important potentiel économique et consomment biens et services comme à l'âge mûr. Ce qui ne correspond pas forcément à l'expérience des personnes âgées (Henrard, 2002).

C'est cependant dans le domaine de la sexualité que l'âgisme reste le plus apparent. Malgré la récente évolution concernant nos perceptions sur la sexualité, elle demeure un des derniers grands tabous du grand âge.

> *Un monsieur de 70 ans vient consulter le médecin au sujet de difficultés sexuelles. « C'est normal, lui répond le médecin, c'est votre âge. Il n'y a rien à faire, reposez-vous ! » Sans poursuivre plus loin les recherches, il le renvoie chez lui.*

L'*infantilisation*, ou « bébéisme », est une attitude qui consiste à considérer la personne âgée comme un enfant et à communiquer et à agir avec elle en conséquence. C'est fréquemment la personne âgée en perte d'autonomie qui est victime de cette attitude infantilisante. Le tutoiement sans la permission de la personne, la simplification des demandes et des activités sociales et récréatives, des remarques comme : « ma p'tite madame du 301 », « avez-vous fait votre p'tit dodo ? », « mets ta p'tite bavette », etc., le fait de ne pas consulter la personne âgée lorsque ce serait approprié, faire pour elle ce qu'elle pourrait faire elle-même, tous ces gestes constituent des exemples d'infantilisation qui prive la personne âgée de sa dignité d'adulte.

> *Un préposé en désignant une bénéficiaire âgée et confuse s'exclame : « Elle, c'est notre plus fine ! Elle ne cause jamais de troubles, hein, Loulou ? Viens ici nous montrer ta belle robe ! »*

Les sources des attitudes négatives

Une des principales sources d'attitudes négatives face au vieillissement est certainement le manque de connaissances au sujet du processus lui-même. L'ignorance des véritables caractéristiques du vieillissement produit des perceptions fausses, basées essentiellement sur la crainte. La vieillesse n'est pas suffisamment connue et apprivoisée dans ses réalités.

Un groupe de jeunes médecins en apprentissage se voit désigné pour donner des soins aux personnes âgées d'un hôpital. Leur changement d'attitude est tout de suite évident: chaleureux et intéressés auprès de toute autre clientèle, ces étudiants en médecine deviennent froids, rigides et démotivés face aux personnes âgées.

Qu'est-ce qui vous fait peur dans la vieillesse?

Notez vos craintes.

Une autre source, bien circonscrite, est celle des valeurs entretenues par notre société nord-américaine. Une société qui valorise, traditionnellement, l'action, le pouvoir, la vigueur de la jeunesse, plutôt que la contemplation, la réflexion, l'expérience et la sagesse de l'âge, ne peut faire autrement que d'éprouver un profond malaise, une répulsion pour la vieillesse, la maladie et le handicap. Elle a peur de la faiblesse, de l'inutilité et de la mort (Butler, 1969). Dans un système économique basé sur la compétition et la performance, ou l'on évalue une personne par sa productivité, son avoir, sa beauté et ses réussites, des personnes qui ne présentent pas ces caractéristiques sont généralement dévalorisées et mises à l'écart. Ce peut être le cas des personnes âgées.

Il faut aussi mentionner, comme source possible d'attitudes défavorables aux aînés, le travail des soignants auprès d'une clientèle en perte d'autonomie avancée, qui donne une image plutôt biaisée de la réalité globale du vieillissement. Après quelques années de travail auprès de personnes âgées atteintes dans leurs facultés mentales, par exemple, il est difficile pour un intervenant de garder une vision juste de la vieillesse.

Si vous êtes préposé, infirmier ou infirmière dans un centre de soins de longue durée depuis quelques années vous avez peut-être eu un résultat très élevé au test sur les perceptions à cause d'une vision plutôt biaisée de la vieillesse, développée en côtoyant une clientèle âgée très malade et en perte d'autonomie sérieuse.

Nous sommes d'avis, avec d'autres chercheurs, que la présence d'attitudes et stéréotypes négatifs produit des conséquences souvent néfastes sur le comportement des personnes âgées.

Conséquences sur les personnes âgées

D'abord, il faut mentionner que, malheureusement, les stéréotypes négatifs résistent au changement : on est tellement convaincu de leur authenticité que les caractéristiques ne collant pas aux stéréotypes sont ignorées et que seuls les indices qui les confirment sont retenus (Kimmel, 1990). Par exemple, parce qu'on ne perçoit pas les aînés comme des gens compétents et productifs, leur apport à la famille et à la société passe inaperçu ou est déprécié. Lorsque certains aînés se voient reconnaître le mérite qui leur revient pour leurs réalisations, il arrive qu'on les considère comme des exceptions, plutôt que de voir en eux la preuve que les stéréotypes sont erronés (CCNTA, 1990).

L'autre jour, dans le journal, on annonçait qu'un aîné de 75 ans avait mérité une décoration pour un travail accompli avec excellence. Il était présenté comme une exception et le journaliste s'exclamait : « N'est-il pas assez bon pour son âge ? »

Comment réagissent les personnes âgées devant les stéréotypes ou les attitudes négatives ? Deux voies sont possibles : elles s'y conforment ou elles les rejettent.

Même si bon nombre de personnes âgées perçoivent la vieillesse telle qu'elle est, c'est-à-dire une étape de la vie, certaines acceptent les préjugés négatifs sans les remettre en question et finissent par s'y conformer. Il arrive même que ces stéréotypes soient si bien ancrés dans les mentalités qu'ils finissent par être vrais. Au niveau de la sexualité, par exemple, la personne âgée peut si bien croire aux stéréotypes négatifs qui privent la personne âgée de l'exercice de sa sexualité qu'elle en vient à nier ses propres besoins sexuels.

Monsieur Hector, un veuf de 72 ans, aime sortir, aller danser et rencontrer des « belles femmes » pour jaser et être en bonne compagnie. Rien d'extravagant. Mais il me confiait récemment : « Je n'ose plus trop sortir, c'est très mal vu et j'ai bien fait parler de moi... À mon âge, ce n'est plus supposé nous intéresser les sorties de ce genre. Mes enfants me disputent, ils trouvent cela déplacé... Alors, je reste chez moi, mais je m'ennuie ! »

Les stéréotypes sur les personnes âgées ont parfois aussi des effets bénéfiques : en les rejetant, celles-ci améliorent leur image personnelle et se perçoivent d'une manière plus positive. « Les personnes âgées qui considèrent la vieillesse comme un phénomène naturel donnent un sens à leur vie, sont plus heureuses et s'impliquent davantage dans leur milieu et dans la société (Berger et Mailloux-Poirier, 1993).

> *« La vieillesse, elle ne m'empêchera pas de vivre, je lui tiendrai tête », me disait une voisine âgée en ajustant son chapeau. « Peu importe si l'on me traite de vieille exagérée, j'entends bien profiter de la vie et leur montrer qu'être âgée ça peut être plaisant ! »*

Les attitudes et les stéréotypes négatifs ont un effet néfaste sur l'estime de soi et l'image de soi des personnes âgées. En dévalorisant ces personnes, les attitudes négatives nous empêchent de reconnaître leurs capacités réelles, leur potentiel et leur valeur. Plus grave encore, ces attitudes minent leur dignité comme personnes et privent la société de ressources humaines d'une inestimable valeur.

Changement d'attitudes

Il est clair que les attitudes négatives et les préjugés défavorables face à la vieillesse et aux aînés empêchent notre propre évolution et la réalisation de tout notre potentiel humain durant cette étape de la vie. En effet, comment entrer avec confiance dans une étape considérée uniquement sous ses pires aspects ? Si nos attitudes sont particulièrement négatives, un changement s'impose. Quels sont les moyens pour y parvenir ?

Il semble opportun de faire le bilan de nos attitudes envers la vieillesse et les personnes âgées. Déjà, ce premier chapitre nous permet un regard réaliste sur nos perceptions, nos stéréotypes, nos attitudes. La rédaction du bilan personnel permettra une vision objective des attitudes à modifier et de celles à maintenir.

> *Qu'ai-je appris de nouveau en lisant ce chapitre ?*
>
> *Quels sont les stéréotypes auxquels j'adhère ?*
>
> *Quelles sont les attitudes négatives que j'ai développées ?*
>
> *Quels sont les stéréotypes et les attitudes négatives véhiculés dans mon milieu de travail, dans ma famille, dans mon voisinage ?*

Quels sont les changements que je peux effectuer sur le plan personnel et dans mon milieu ?

Quelles sont les attitudes positives qui caractérisent ma relation avec les personnes âgées ?

Pour changer nos attitudes, une vision plus élargie de la vieillesse s'impose. Cette étape de la vie n'est pas faite que de déclin. Elle possède aussi ses aspects positifs et ses orientations de croissance. Malgré la perspective de la maladie, des handicaps, de la mort prochaine, la vieillesse demeure le sommet, la plénitude de la vie humaine et, en cela, elle offre des richesses à qui demeure réceptif et prêt à les accueillir. La connaissance des différents aspects du processus de vieillissement aidera à éliminer les stéréotypes négatifs et à changer les attitudes nuisibles.

Enfin, la recherche du potentiel et des aspects positifs des personnes âgées que nous côtoyons nous permettra de garder et de cultiver une vision positive de la vieillesse. La personne la plus limitée par la maladie et les problèmes psychologiques parfois irréversibles possède encore des forces, des qualités à certains niveaux de son être. Essayer de mieux connaître la personne, ses possibilités, ce qu'elle a été durant les autres étapes de sa vie adulte peut grandement améliorer nos attitudes et la qualité de notre relation avec la personne âgée et contribuera à renouveler notre perception de cette étape de la vie.

Notre étude des attitudes face au vieillissement nous démontre la nécessité d'éliminer les stéréotypes négatifs et d'adopter des attitudes plus saines par rapport à notre propre vieillissement et au sujet des personnes âgées. En effet, notre attitude face à la vieillesse est un facteur déterminant qui influencera notre capacité à nous adapter aux changements physiques, psychiques et sociaux qui accompagnent cette étape de la vie.

Nous avons constaté que plusieurs attitudes, mythes et stéréotypes négatifs subsistent encore au sujet du vieillissement : les personnes âgées sont encore considérées comme une catégorie homogène, la vieillesse est d'abord interprétée comme une perte, une défaillance, une diminution de potentiel. Un changement de regard est nécessaire et suppose que la vieillesse soit considérée aussi et surtout comme une étape de croissance, comme un processus de vie où l'être humain continue de se réaliser et de dépasser ses limites.

Il est donc important de repenser la vieillesse, de lui redonner sa place en tant qu'étape de mûrissement, une étape pendant laquelle l'être humain, après avoir remonté le cours de sa vie, en retient l'essentiel et devient un phare pour les générations qui viennent. Saurons-nous relever ce défi ?

Références

BALTES, P.B. et K.W. SCHAIE (1976). « On the plasticity of intelligence in adulthood and old age », *American Psychologist*, 31, p. 720-725.

BERGER, L. et D. MAILLOUX-POIRIER (1993). *Personnes âgées : une approche globale*. Montréal, Études vivantes.

BIRREN, J. (1959). *Handbook of Aging and the Individual*. Chicago, University of Chicago Press.

BIRREN, J.E. et K.W. Schaie (2005). *Handbook of the psychology of aging*. Boston, Elsevier Academic Press.

BLAZER, D. et E. PALMORE (1976). « Religion and aging in a longitudinal panel », *The Gerontologist*, 16, p. 82-85.

BOTWINICK, J. (1967). *Cognitive Processes in Maturity and Old Age*. New York, Springer.

BUSSE, E. et E. PFEIFFER (1977). *Behavior and Adaptation in Late Life*. Boston, Little Brown.

BUTLER, R.N. (1969). « Age-ism, another form of Bigotry », *The Gerontologist*, 9, p. 243.

BUTLER, R.N. (1975). *Why Survive ? Being Old in America*. New York, Harper and Row.

CHAMPAGNE, R. et L. FRENETTE (1984). « Stéréotypes de la population québécoise envers les personnes âgées », *Les cahiers de l'ACFAS*, Montréal.

CONSEIL CONSULTATIF NATIONAL DU TROISIÈME ÂGE (1990). *La position du C.C.N.T.A. sur l'image publique du vieillissement*, Ottawa, MAS.

CONSEIL CONSULTATIF SUR LE TROISIÈME ÂGE (2002). *Santé mentale et vieillissement*. Ottawa, Gouvernement du Canada.

COSTA, P.T. *et al.* (1983). « Recent longitudinal research on personality and aging », dans K.W. SCHAIE (éd.) *Longitudinal Studies of Adult Psychological Development*. New York, Guilford.

DEAN, L. (1962). « Aging and decline of affect », *Journal of Gerontology*, 17, p. 440-446.

EBERSOLE, P. et P. HESS (1985). *Toward Healthy Aging*. Éditions Saint-Louis, The C.V. Mosby Co.

EISDORFER, C.E. et W.E. FANN (1973). *Psychopharmacology and Aging*. New York, Plenum.

FORBES, A. (1996). « Caring for Older People : Loneliness ». *British Medical Journal*, 313, 7053, p. 352-354.

GARFINKEL, R. (1975). « The reluctant therapist », *The Gerontologist*, 15, p. 136-137.

HALL, M. et B. HAVENS (2002). *Isolement social et solitude*, Conseil consultatif sur le troisième âge. Ottawa, Gouvernement du Canada.

HARRIS, L. *et al.* (1975). *The Myth and Reality of Aging in America*. Washington (D.C.), The National Council on the Aging.

HARRIS, L. *et al.* (1981). *Aging in the Eighties : America in Transition*. Washington (D.C.), The National Council on the Aging.

HENRARD, J.-C. (2002). *Les défis du vieillissement : la vieillesse n'est pas une maladie*. Paris, La Découverte.

HÉTU, J.-L. (1992). *Psychologie du vieillissement*. Montréal, Méridien.

HICKS, T.J. (2000). « What is your life like now ? Loneliness and elderly individuals residing in nursing homes ». *Journal of Gerontological Nursing*, 26, 8, p. 15-19.

HOLZBERG, C.E. (1982). « Ethnicity and Aging : Anthropological perspectives on more than just the minority elderly », *The Gerontologist*, 22, p. 249-257.

HORN, J.L. et G. DONALDSON (1976). « On the myth of intellectual decline in adulthood », *American Psychologist*, 31, p. 701-719.

INSTITUT DE LA STATISTIQUE QUÉBÉCOISE (2004). *Le Québec chiffres en main*, édition 2004. 01-AVR-2004, page consultée sur le site de l'Institut de la Statistique Québécoise.

KALISH, R.A. (1975). *Late Adulthood : Perspectives on Human Development*. Montery (Cal.), Brooks, Cole.

LAFOREST, J. (1989). *Introduction à la gérontologie*. Ville LaSalle, Hurtubise, HMH.

LECLERC, G. et J. PROULX (1984). « Les dynamismes positifs du vieillissement », *Actes du colloque de l'Association québécoise de gérontologie*. Hull, Université du Québec.

LE CONSEIL DES AÎNÉS (2001). *La réalité des aînés québécois*. Sainte-Foy, Les Publications du Québec.

LUBOMUDROV, S. (1987). « Congressional perceptions of the elderly : the use of stereotypes in the legislative process », *The Gerontologist*, 27, p. 77-81.

MADDOX, G. et E. DOUGLAS (1974). « Aging and individual differences » *Journal of Gerontology*, 29, p. 555-563.

MASTERS, W.H. et V.E. JOHNSON (1966). *Human Sexual Responses*. Boston, Little, Brown and Company.

MASTERS, W.H. et V.E. JOHNSON (1970). *Human Sexual Inadequacy*. Boston, Little, Brown and Company.

MASTERS, W.H., V.E. JOHNSON et R.C. KOLODNY (1992). *Human Sexuality*. New York, Harper Collins.

MILLER, D., R. LOWENSTEIN et R. WINSTON (1976). « Physician's attitudes toward the ill aged and nursing homes », *Journal of American Genatrics Society*, 24, p. 498-505.

MISHARA, B.L. et R.G. RIEDEL (1994). *Le vieillissement*. Paris, PUF.

MURREL, K.F.H. et S. GRIEW (1965). « Age, experience and speed of response », dans A.T. WELFORD et J.E. BIRREN (éd.) *Behavior, Aging and the Nervous System*. Springfield (111.), Charles Thomas.

NEUGARTEN, B. (1968). *Middle Age and Aging*. Chicago, The University of Chicago Press.

NEUGARTEN, B. (1973). « Personality change in late life : A developmental perspective », dans C.E. EISDORFER et M.P. LAWTON (éd.) *Psychology of Adult Development and Aging*, Washington (D.C.), American Psychological Association.

NEUGARTEN, B. et G.O. HAGESTAD (1976). « Age and life course », dans R.H. BINSTOCK et E. SHANAS (éd.) *Handbook of Aging and the Social Sciences*, New York, Van Nostrand.

PALMORE, E. (1977). « Facts on aging : a short quiz », *The Gerontologist*, 17, p. 315-320.

PAPALIA, D.E. et S.W. OLDS (2005). *Psychologie du développement humain*. Montréal, Beauchemin.

RILEY, M. et A. FONER (1968). *Aging and Society*. New York, Russel Sage.

RIMMEL, D.C. (1990). *Adulthood and Aging : An Interdisciplinary, Developmental View*. New York, John Wiley and Sons.

ROY, J. (1998). *Les personnes âgées et les solidarités : la fin des mythes*. Sainte-Foy, Les éditions de l'IQRC et les Presses de l'Université Laval.

RUSSEL, D.W. *et al.*, (1997). « Loneliness and Nursing Home Admission Among Rural Older Adults », *Psychology and Aging*, 12, 4, p. 574-589.

SALTHOUSE, T.A. (1996). « The processing-speed theory of adult age differences in cognition », *Psychological Review*, 103, p. 403-428.

SCHAIE, K.W. (1973). « Intervention toward an ageless Society ? », *The Gerontologist*, 13, p. 31-35.

SCHLOSSBERG, N.K. (1984). *Counseling Adults in Transition*. New York, Springer.

SCHONFIELD, D. (1982). « Who is stereotyping whom and why ? », *The Gerontologist*, 22, p. 267-272.

SOLOMON, K. (1983). « Victimization by Health Professionals and the Psychological Response of the Elderly », dans KOSBERG, J. (éd.) *Abuse and Maltreatment of the Elderly*, Causes and Interventions. Boston, John Wright.

VEROFF, J., R.A. KULTA et E. DOUVAN (1981). *Mental Health in America*. New York, Basic Books.

WIGHT, B. (1989). *Psychothérapies auprès des personnes âgées*. Sainte-Foy, Les Éditions Saint-Yves.

WILKIE, F.L. et C. EISDORFER (1973). « Systemic disease and behavioral correlates », dans L.F. JARVIK *et al.* (éd.) *Intellectual Functioning in Adults*. New York, Springer.

Chapitre 2
SANTÉ MENTALE ET VIEILLISSEMENT HEUREUX : UN MIEUX-ÊTRE DURANT LA VIEILLESSE

Il y a on ne sait quelle aurore dans une vieillesse épanouie.
Victor Hugo, *Les Misérables*

Une bonne santé mentale est un ingrédient important pour une vieillesse heureuse. D'ailleurs, les critères utilisés pour déterminer une bonne santé mentale se retrouvent fréquemment dans la définition du « vieillissement réussi ». Les deux concepts sont ainsi fortement reliés. Quant à la santé corporelle, elle est valorisée et désirée et représente un bienfait appréciable pour les personnes âgées, mais les déclins qui marquent cette période de leur vie sont souvent d'ordre physique. Comment faire alors pour que la vieillesse demeure une étape d'épanouissement humain ? Privilégier la dimension de la santé intérieure, psychologique et spirituelle, tout en maintenant le bon fonctionnement du corps semble une voie possible dans la recherche d'une meilleure qualité de vie en vieillissant. Car le corps décline, mais l'être peut toujours s'améliorer et devenir source de vitalité.

La santé mentale, tout comme le vieillissement heureux, recouvre un champ très vaste et a fait l'objet de nombreuses recherches à partir de modèles différents. Malgré les progrès réalisés dans la compréhension de la santé mentale, il n'en existe aucune définition qui soit acceptée de façon universelle et définitive (Coan, 1977). En effet, la notion de santé mentale, malgré tous les efforts faits pour mieux la définir demeure soumise à des jugements subjectifs et à des considérations de nature philosophique ou générale.

Nous tenterons quand même dans notre étude, d'en circonscrire le sens en présentant des définitions issues de différents modèles. Nous choisirons une définition synthèse de la santé mentale qui nous guidera dans la compréhension des propos de ce chapitre. Puis, dans une perspective humaniste, nous poursuivrons notre étude par la présentation de critères de santé mentale, des caractéristiques d'une personne âgée en bonne santé mentale et des conditions facilitant le maintien de la santé optimale et conduisant à un vieillissement sain. Certaines considérations sur les attitudes et le rôle des intervenants termineront ce chapitre.

Début de la démarche

Quelle est votre définition de la santé mentale ?

Écrivez-la afin de la comparer avec les définitions comprises dans ce chapitre.

À quoi reconnaissez-vous qu'une personne est en bonne santé mentale ? Quels sont vos indices ?

Qu'est-ce qui vous fait dire qu'une personne âgée est en bonne santé mentale ?

Qu'est-ce qui vous indique la présence d'un vieillissement heureux ?

Les définitions de la santé mentale

Rappelons-nous, en commençant, que la définition de la santé mentale ne fait pas l'unanimité. Cependant, l'étude de certaines définitions permet de considérer des points de vue complémentaires et d'effectuer un certain choix.

Selon Coan (1977) et Champagne (1985), les définitions de la santé mentale proviennent de deux modèles : l'un médical, l'autre psychologique.

Le *modèle médical* s'oriente surtout vers la notion « d'équilibre de différents états psychophysiologiques, de la réduction de tension et de l'harmonie des principaux systèmes corporels » (Champagne, 1985, p. 9). Selon Freeman et Giovani (1969), pour les psychiatres, la santé mentale optimale constitue un pôle dont l'opposé est la maladie mentale sévère. L'absence de symptômes pathologiques serait donc, dans ce modèle, une indication de santé mentale.

Dans le *modèle psychologique*, nous considérerons trois conceptions différentes : la conception psychanalytique, la conception béhavioriste et la conception humaniste de la santé mentale.

Avec Freud, la conception *psychanalytique* définit la santé mentale comme étant la capacité d'aimer (soi-même et les autres) et de travailler (créer, produire, donner sa mesure). Pour Freud, en effet, la personnalité optimale repose sur un moi fort, caractérisé par la compétence intellectuelle, et sur une relation d'intimité altruiste avec une autre personne (Coan, 1977).

Pour Fromm (1955), néo-freudien, la personne en bonne santé mentale est celle qui vit l'amour, la spontanéité, la créativité et le sens de l'unité avec la nature et les autres. Birren et Renner (1981) s'inscrivent dans cette continuité en définissant la santé mentale comme une trilogie : amour, travail et jeu. Pour ces auteurs, la santé mentale ne consiste pas en une absence de problèmes ou de difficultés, mais en une certaine habileté à leur faire face de manière satisfaisante.

Dans le même ordre d'idées, Dabrowski (1972) et Erikson (1968) avaient déjà posé certains jalons. Pour Dabrowski, la santé mentale implique la présence de conflits intérieurs et l'expérience consciente de ceux-ci. Quant à Erikson, il émet l'hypothèse qu'à chaque crise développementale la personne ressort avec un sens accru de son identité, un meilleur jugement et une plus grande capacité à bien faire les choses, selon son propre système de valeurs. Les qualités ou vertus de base (l'espoir, la volonté, l'initiative, la compétence, l'amour, la responsabilité, la fidélité, la sagesse), reliées aux huit stades de la vie, représentent la personnalité optimale.

La conception *béhavioriste*, pour sa part, définit la santé mentale comme étant la présence chez la personne, de comportements adaptés à l'environnement : comportements désirables pour l'environnement, autonomie, maîtrise de soi et des influences extérieures et répertoire comportemental varié (Ingels, 1982).

La conception *humaniste-existentielle*, enfin, propose une définition de la santé mentale qui se réfère à la réalisation de soi, à l'amour de soi et des autres, à la présence de la souffrance en tant qu'expérience consciente, à la liberté et à la responsabilité. Certains de ces représentants, C. Rogers, G. Allport et A.H. Maslow, ont tous décrit la personnalité saine avec ces éléments qui se retrouveront dans les critères de santé mentale retenus pour notre étude.

Synthèse des définitions de la santé mentale

Parmi toutes les définitions, peut-être pourrions-nous en retenir une qui représente une synthèse de divers principes : celle de Menninger (1947), reprise par Brown et Bertram (1975) : *la santé mentale est l'ajustement de l'être au monde et aux autres humains avec un maximum d'efficacité*. La notion d'« ajustement » rappelle bien la possibilité de difficultés, voire de crises, et la capacité d'affronter les problèmes de manière adéquate, alors que le « maximum d'efficacité » laisse place à la croissance dans la santé mentale. Le tout fait référence à la maturité, à la personnalité optimale, définie à son tour par certains critères d'origine humaniste.

Tableau 1
SYNTHÈSE DES DÉFINITIONS DE LA SANTÉ MENTALE

Le modèle médical	Le modèle psychologique		
	Psychanalytique	**Béhavioriste**	**Humaniste**
Équilibre des différents états psychophysiologiques	Aimer	Comportements adaptés à l'environnement	Actualisation de soi
Réduction de la tension	Travailler	Autonomie	Amour de soi et des autres
Harmonie des principaux systèmes corporels	Jouer	Maîtrise de soi, de la souffrance	Expérience consciente
Absence de symptômes pathologiques	Être capable d'affronter les problèmes de manière satisfaisante	Répertoire comportemental varié	Liberté Responsabilité

Dans quelle catégorie se trouve votre définition de la santé mentale?

Des critères humanistes de santé mentale

Coan (1974) et Maslow (1972) sont deux représentants de la psychologie humaniste qui ont travaillé chacun à leur manière, à dégager les critères permettant de cerner une personnalité en santé.

Coan (1974):

1. *L'efficacité*: une compétence fonctionnelle, c'est-à-dire la capacité de mener à bien un travail ou une activité; l'autonomie et l'indépendance dans le travail ou l'occupation; l'engagement dans des projets autres que les siens.
2. *La créativité*: l'ouverture d'esprit par rapport à la nouveauté; l'émerveillement dans le quotidien; la création d'un style de vie personnel.
3. *L'harmonie interne*: l'estime de soi, le besoin d'intimité et de vie privée.
4. *La compassion dans les relations avec les autres*: la transparence, l'authenticité, la capacité à recevoir ce que les autres veulent nous communiquer.
5. *La transcendance*: une relation intime avec quelqu'un d'autre; l'imprégnation totale de soi par la nature ou par Dieu.

Maslow (1972) :

1. *Une perception plus efficace de la réalité* : une recherche de vérité, d'harmonie avec la réalité, préférant la confrontation avec une réalité désagréable au retrait dans l'illusion.
2. *La progression dans l'acceptation de soi, des autres et de la nature humaine* : une perception réaliste de soi, des autres, de la nature humaine dans ses forces et ses faiblesses.
3. *La spontanéité, la simplicité* : un comportement naturel, l'expression authentique des émotions.
4. *L'intérêt porté à des problèmes autres que les siens* : la capacité de se décentrer de soi-même, de ses propres besoins et difficultés pour se concentrer sur des tâches, des problématiques concernant les autres.
5. *Le détachement et le désir d'une vie personnelle* : le besoin de solitude et de temps à soi pour la méditation et la réflexion.
6. *L'autonomie croissante* : la capacité de maintenir des projets, des intérêts, des choix, malgré les contraintes et les limites imposées par la vie.
7. *L'émerveillement et la fraîcheur d'appréciation* : la capacité de voir ce qu'il y a de merveilleux et d'unique dans le quotidien.
8. *Les expériences « spéciales », le sentiment mystique* : les expériences qui procurent le sentiment d'appartenir à plus grand que soi, à l'humanité, à la nature ou à Dieu. Par exemple, une promenade en forêt, la contemplation d'un beau coucher de soleil, une expérience intense de communion avec un autre peuvent nous élever au-dessus de nous-mêmes.
9. *L'identification à l'humanité, la fraternité et le sentiment d'appartenance* : la préoccupation du bonheur des autres s'étend à tous les membres de la grande famille humaine.
10. *L'intimité avec un nombre restreint d'amis* : une relation amoureuse ou d'amitié avec une ou deux personnes.
11. *La facilité à accepter les autres* : la dimension démocratique de l'acceptation des autres, non sur la base de la culture, de la race ou de la religion, mais parce qu'ils sont des personnes.
12. *L'accroissement de la créativité* : la création est présente dans différents secteurs de l'existence.

13. *Le sens de l'éthique*: une conception personnelle et intégrée du bien et du mal qui guide les agirs et les comportements.
14. *Le sens de l'humour*: la capacité de rire de soi et des travers de l'être humain, de la vie, d'une manière délicate, non blessante.
15. *La résistance à l'assimilation sociale*: la conservation des valeurs personnelles, le développement d'attitudes critiques face à la société.

Ces critères de Coan (1974) et de Maslow (1972) suggèrent des points de repère pour une évaluation de la santé mentale d'une personne. Certains critères semblent prépondérants ou ressortent dans les différents modèles étudiés. Par exemple, l'*autonomie*, l'*amour de soi* et des *autres* et l'*efficacité* se retrouvent dans les différentes conceptions de la santé mentale et peuvent être considérés comme des critères importants pour définir celle-ci.

La santé mentale parfaite est-elle possible? Il semble bien que personne ne possède en même temps et à un même degré toutes les caractéristiques mentionnées. Ces critères sont actifs à un moment ou l'autre des étapes de la vie et à des intensités diverses. Selon Murray, Huelskoetter et O'Driscoll (1980), une personne est en bonne santé mentale lorsqu'elle possède la majorité des critères mentionnés précédemment, fonctionne de façon satisfaisante dans la société et joue un rôle approprié à son âge et à sa situation.

Qu'est-ce qu'une personne âgée en bonne santé mentale?

En général, les définitions de la santé mentale se présentent de deux façons: ou bien la santé mentale est perçue comme une manière d'être ou bien elle est considérée comme un ensemble de potentialités, de capacités. C'est cette deuxième catégorie de définition de la santé mentale que nous avons surtout mise en évidence par l'élaboration de nos critères de santé optimale, et nous continuerons dans le même sens dans les pages qui suivent.

La santé mentale est souvent synonyme d'une adaptation réussie et, pour la personne âgée d'un vieillissement heureux. Selon Wilson et Kneisl (1982), la santé mentale, dans la vieillesse, est basée sur «l'habileté à jouer des rôles appropriés à accepter de nouveaux défis, à s'adapter aux pertes et aux changements reliés à l'âge, à rester flexible et susceptible d'entrer en interaction avec les autres.

Selon Champagne, Ladouceur, De Ravinel et Stryckman (1992), une personne âgée en bonne santé mentale est capable de vivre et d'exprimer ses émotions d'une manière adéquate, possède un bon jugement, entretient des relations satisfaisantes avec son milieu et exerce son pouvoir de décision personnel et social.

Dans le même sens, Ryff (1987) a proposé six caractéristiques psychologiques du bien-être mental, qui apparaissent particulièrement importantes pour un vieillissement réussi. Il s'agit de l'acceptation de soi, de la capacité d'avoir des relations positives avec autrui, de l'autonomie, de la maîtrise du milieu, du fait d'avoir un but dans la vie et de la croissance personnelle continue.

Les caractéristiques d'un vieillissement optimal suggérées par Atchley (1989) et par Leclerc (1991) ne font que confirmer la présence de certains éléments majeurs pour la santé mentale des aînés : l'absence de maladies graves ou chroniques invalidantes (la maladie d'Alzheimer, par exemple), la capacité de subvenir à ses besoins de santé, d'habitation, d'alimentation, de loisirs (autonomie), le maintien d'une identité et d'une image de soi positives (estime de soi), la possibilité de mener une vie active et satisfaisante (autonomie), la présence d'un réseau social significatif (relations positives avec les autres), la possibilité d'exercer un contrôle sur sa vie (maîtrise de l'environnement).

Berger et Mailloux-Poirier (1989) décrivent aussi un certain nombre de critères qui s'appliquent à la santé mentale des aînés. *Le fait d'accepter ses limites et ses forces personnelles* suggère un rapport direct entre l'estime de soi et la santé mentale des personnes âgées. La personne se connaît et s'accepte comme elle est. Elle est habituellement en mesure de faire ses propres choix et de choisir ce qui est bien pour elle. *Le fait d'atteindre le plus haut niveau de réalisation* possible suppose que le bénévolat, l'entraide, la participation à des expériences nouvelles et toutes les occupations maintenues par les personnes âgées contribuent à la croissance continue de celles-ci. Dans un autre critère, l'*adaptation aux pertes* est reliée au développement d'une *philosophie unificatrice de la vie*. L'*autonomie* est évidemment un autre critère par lequel l'aîné continue de se prendre en main, de maîtriser son environnement, de résoudre certaines difficultés, de s'impliquer dans son entourage. *Percevoir la réalité sans la déformer* est sûrement synonyme d'une bonne capacité de raisonnement. Enfin, *reconnaître la valeur d'autrui* contribue à entretenir des liens positifs et chaleureux avec les autres. Berger et Mailloux-Poirier (1993) terminent en résumant la santé mentale de la personne âgée à quatre caractéristiques : *des liens affectifs satisfaisants avec les autres, la capacité d'adaptation aux situations de la vie, la capacité d'intégrer les pertes, et l'autonomie*.

Tableau 2
LA SANTÉ MENTALE CHEZ LA PERSONNE ÂGÉE

Wilson et Kneisl (1982)	**Champagne *et al.* (1982)**	**Ryff (1987)**	**Atchley (1989) et Leclerc (1989)**	**Berger et Mailloux Poirier (1993)**
Rôles sociaux appropriés	Occupation d'une place dans la société	Maîtrise du milieu	Maîtrise de sa vie	
	Pouvoir de décision	Autonomie	Autonomie	Autonomie
Adaptation aux changements	Bon raisonnement		Absence de maladies aiguës invalidantes	Capacité de percevoir la réalité sans la déformer
Flexibilité dans l'interaction avec les autres	Relations satisfaisantes avec l'entourage	Relations positives avec autrui	Réseau social significatif	Capacité de reconnaître la valeur d'autrui
	Expression appropriée des émotions			
		Estime de soi	Estime de soi	Acceptation de ses forces et de ses limites
		Existence d'un but dans la vie		Philosophie unificatrice de la vie
Nouveaux défis		Croissance personnelle continue		Recherche du plus haut niveau d'actualisation possible
Adaptation aux pertes				Adaptation aux pertes

Dans le tableau 2, nous constatons que les caractéristiques d'une personne âgée en bonne santé mentale, telles que répertoriées par différents chercheurs, même si celles-ci sont exprimées dans un langage varié, se recoupent et finissent par se ressembler : *des relations positives avec les autres, l'estime de soi, un but à atteindre, l'autonomie* en sont les principaux ingrédients.

> *Paul-Émile est, de l'avis de son entourage et de sa famille, un homme en bonne santé mentale. Il a un but qui motive ses actes : faciliter la vie des gens autour de lui, rendre les autres heureux. Après sa retraite, il a continué de s'occuper de bénévolat auprès de diverses personnes, leur offrant le goût de vivre qu'il dit avoir eu le bonheur de recevoir en venant au monde. Son estime de lui-même est évidente. Il est fier de ses réalisations, qui correspondent à ses choix et à ses désirs. « Il faut rester*

soi-même et faire de son mieux, dit-il, et la vie fera le reste... Lorsqu'on s'aime soi-même, on peut faire plus pour les autres. » *La capacité d'établir des relations de qualité avec autrui est très marquée chez lui. Il est très ouvert, aime accueillir les gens chez lui, écouter, réconforter et distribuer les encouragements, et les gens de son entourage l'apprécient. Pourtant, sa vie n'a pas toujours été facile. Récemment il a dû s'adapter à la perte de son épouse et il reconnaît que sa participation à divers groupes comme bénévole l'a grandement soutenu.*

Dans votre entourage ou dans votre milieu de travail, il existe des personnes âgées qui présentent certaines caractéristiques d'une bonne santé mentale. À l'aide des critères proposés pour les aînés pourriez-vous tracer leur portrait ?

Les conditions qui influencent la santé mentale des aînés

Selon le Conseil consultatif national sur le troisième âge (1991), la personnalité d'un individu, ses attitudes et ses façons de surmonter le stress sont tous des facteurs qui contribuent au maintien de la santé mentale des personnes âgées. S'ajoutent à cela la santé physique, la sécurité, les liens sociaux et familiaux, l'accès aux activités enrichissantes et les conditions de vie confortables. Nous avons, dans notre propre recherche, répertorié quelques facteurs qui, lorsqu'ils sont présents ou favorisés dans la vie de nos aînés, contribuent à maintenir leur santé mentale.

La capacité de s'aimer tel que l'on est, l'*estime de soi*, est intimement reliée aux autres facteurs mais apparaît très importante. Cette capacité est basée sur une évaluation précise de ses possibilités et une bonne connaissance de ses limites.

Certaines valeurs la sous-tendent : jeune, ce peut être la force, l'apparence physique, la réussite intellectuelle ; âgé, ce sont plutôt les relations familiales, la réussite professionnelle, les qualités personnelles.

Le sentiment de dévalorisation ou d'absence de valeur se manifeste par l'exagération de ses capacités (vantardise) ou la négation de celles-ci (dépréciation de soi). Les deux caractéristiques sont deux pôles d'un même problème, le manque d'estime de soi.

La faible estime de soi conduit à l'anxiété, au doute quant à ses capacités, à l'incertitude quant à l'action à poser, à la dépression.

Jean-Pierre a une bonne estime de lui-même, se sent utile et connaît sa valeur. Il a le sentiment de travailler avec les autres à rendre le monde meilleur. Il aime son épouse Marie-Louise, avec qui il vit depuis quarante ans. À 75 ans, il sait que l'amitié, le bon voisinage, la compréhension à l'égard des difficultés d'autrui sont importants, et il a cultivé de bonnes relations. Jean-Pierre est capable d'éviter les réactions émotives exagérées, il affronte ses craintes de la maladie et de la mort, et a développé de la tolérance face à la frustration. Il a appris à vivre avec ses états émotionnels et est capable de voir le monde et les gens tels qu'ils sont. Jean-Pierre se connaît et accepte ses forces et ses limites ; il est capable de rire de ses travers. Il a encore un but ou un sens à sa vie : continuer à aimer les autres et à leur rendre service, tout simplement.

L'estime de soi est considérée par bien des chercheurs comme un critère déterminant dans l'évaluation et le maintien de la santé mentale des personnes âgées.

Le maintien de *relations interpersonnelles satisfaisantes*, surtout les relations non familiales informelles, comme l'amitié, le bon voisinage, procure à l'aîné un état de bien-être psychologique. Selon une enquête canado-américaine (Larson *et al.*, 1986), il semble que les contacts amicaux dépassent en importance les contacts familiaux en ce qui concerne les sentiments de valorisation de soi et d'appartenance ainsi que la promotion des échanges affectifs. D'après les renseignements recueillis par les auteurs, il semble que l'amitié serve à réaffirmer le sens de l'identité et de l'appartenance à la communauté, en plus de fournir une sensation de plaisir dans un contexte de spontanéité et de réciprocité. De plus, les activités poursuivies avec les amis seraient perçues comme étant plus intéressantes parce que plus variées que celles faites en famille. D'autre part, les interactions avec les membres de la famille seraient perçues comme étant plus conventionnelles, obligatoires et ritualisées.

Les relations non familiales informelles sont préférées parce qu'elles ne sont pas obligatoires, les personnes âgées, ayant alors le sentiment qu'elles peuvent parler à qui elles veulent, quand elles le veulent. Les gens de la famille se sentent parfois obligés à des visites de politesse, tandis que l'ami est vraiment intéressé, ce qui est plus valorisant pour la personne âgée. Des recherches sur la solitude ont en effet démontré que les contacts parents-enfants diminuent moins le sentiment de solitude des parents que les relations avec les amis (Poulin, De Grâce et Joshi, 1983). Plusieurs recherches indiquent que la personne âgée qui ne voit que ses enfants ne trouve jamais ces contacts pleinement satisfaisants ni suffisants. Par ailleurs, celle qui a moins de relations avec ses enfants mais qui entretient de bons contacts avec des amis se trouve habituellement satisfaite (Stryckman, 1981). Il est important de signaler, toutefois, que ce n'est pas l'abondance des relations amicales mais la qualité de celles-ci qui fait une différence quant à la santé mentale des aînés (Wan et Weissert, 1981 ; Gottlieb, 1985 ; Karts, 1986).

Les liens familiaux demeurent quand même importants pour la conservation de la santé mentale et le sentiment de sécurité de la personne âgée (Connidis, 1989).

> *Que pensez-vous de cette affirmation selon laquelle l'amitié supplante les liens familiaux dans le maintien des conditions de santé mentale des aînés ? Pouvez-vous vérifier ce fait auprès de quelques personnes âgées de votre entourage ?*

La maîtrise de l'environnement physique, psychique et social est très importante pour le maintien de la santé mentale parce qu'elle influence beaucoup l'estime de soi.

Sur le plan interne, le sentiment de maîtrise correspond à la perception qu'a une personne de sa capacité de changer ou d'influencer son environnement (Pettersen et Bordeleau, 1982). À l'inverse, nous parlons de sentiment de contrôle externe quand la personne, peu importe les moyens utilisés, ne croit pas en sa capacité d'agir sur le milieu dans lequel elle vit et abandonne aux gens et aux événements le pouvoir de conduire sa vie. Le maintien de la maîtrise interne de la personne équivaut à son pouvoir de décision. Agir sur l'environnement se vit à trois niveaux : sur le plan physique, sur le plan psychique et sur le plan social.

Les pertes sensorielles (la vue, l'ouïe et les pertes motrices (la capacité de déplacement, la force musculaire) peuvent diminuer la capacité de maîtrise de l'environnement sur le plan physique, affecter l'estime de soi et enlever le goût de la vie. Si on fait sentir à une personne âgée que c'est trop difficile, qu'elle n'est pas capable et qu'elle doit attendre de l'aide, elle perdra graduellement son emprise sur l'environnement et risquera la dépression ou la détérioration cognitive. Il vaut mieux la stimuler, l'inciter à continuer d'agir, à faire ce qu'elle peut avec ses possibilités. Il y a, bien sûr, nécessité de tenir compte du ralentissement et du besoin d'un environnement sécuritaire.

Un petit miracle s'est produit, un jour, au centre d'accueil. Depuis longtemps, Blanche était alitée, ne mangeait plus seule, ne parlait plus et ne réagissait plus quand on lui adressait la parole. Dans le cadre de stages en soins auprès des personnes âgées Nathalie fut désignée pour s'occuper d'elle. Sur les conseils de son superviseur, Nathalie prodiguait des soins à Blanche en lui parlant doucement et avec affection, l'encourageant à lui répondre d'un signe si elle voulait. Grâce à la stimulation affective de Nathalie, Blanche est sortie progressivement de sa léthargie et, sans toutefois aller jusqu'à se lever et à manger seule, a montré une volonté de communication qui a grandement récompensé Nathalie et son superviseur de tous leurs efforts.

S'ajuster au changement, résoudre des problèmes, choisir et décider, essayer des solutions, jouer un rôle sur les plans social et relationnel, s'impliquer et admettre sa responsabilité, voilà tous des éléments de l'environnement importants de la maîtrise et de l'autonomie psychique. Tant que la personne âgée mettra en œuvre sa capacité de choisir, peu importe les limites imposées par ses déclins physiques, tant qu'elle conservera la responsabilité de sa vie par son pouvoir de décision, elle demeurera un être humain à part entière. Son estime d'elle-même s'en portera toujours mieux. C'est dans cette dimension de l'autonomie que réside une clé importante de la santé mentale chez l'aîné. Diminuer ou éliminer la capacité de choisir d'une personne contribue à lui donner un sentiment de non-existence. Sa santé physique et sa capacité relationnelle en seront affectées.

Marie-Jeanne est arrivée chez sa fille Andrée tout récemment pour quelques mois de convalescence. À 82 ans, elle est encore en bonne santé, malgré une difficulté avec sa vision. Complètement autonome dans sa maison, elle s'aperçoit après quelques semaines de ce séjour chez sa fille, que celle-ci vérifie ses sorties, décide de sa nourriture, lui fait ses repas sans la laisser jamais approcher de la cuisinière. Comme Marie-Jeanne est en bons termes avec Andrée, elle a avec elle une petite conversation, indiquant à sa fille qu'avec toute son expérience elle est très capable de décider de ce qui est le mieux pour elle. Dès lors, Andrée change d'attitude, reconnaissant que son sentiment d'insécurité au sujet du grand âge de sa mère pouvait nuire à celle-ci.

L'autonomie sociale implique pour la personne âgée la nécessité de maintenir un réseau relationnel autre que familial. Cet aspect a déjà été amplement traité dans le point précédent sur les relations interpersonnelles.

L'habileté à intégrer les expériences négatives, de manière à poursuivre la croissance personnelle, soit l'*adaptation aux pertes*, est considérée comme un élément important d'une vieillesse saine. À l'opposé, la difficulté de s'adapter aux différentes pertes provoquées par l'avancement en âge se révèle un sérieux problème de santé mentale. Notre étude sur l'adaptation aux pertes se poursuivra dans un chapitre ultérieur.

Selon Dubos (1986), la *santé* est un état physique et mental relativement exempt de souffrance, qui permet à l'individu de fonctionner aussi efficacement que possible dans son milieu. La santé résulte d'une interaction complexe entre l'environnement dans lequel évolue la personne, son comportement, ses habitudes de vie et ses caractéristiques physiques et psychiques. Ces facteurs s'influencent mutuellement, de sorte que la santé représente un équilibre physique, psychique et mental de la personne en interaction avec son environnement (Champagne, Ladouceur, De Ravinel et Stryckman, 1992).

Selon les recherches, la santé est le facteur qui contribue le plus au bien-être mental des personnes âgées. C'est surtout la *perception* qu'a la personne de sa santé qui influence sa santé mentale. C'est cette perception qui est source de préoccupation ou d'anxiété. C'est aussi, plus que la maladie elle-même, l'isolement et l'incertitude qui l'accompagnent qui conditionnent la santé mentale.

Le vieillissement du corps entraîne plusieurs changements qui suscitent des attitudes différentes chez les personnes âgées. Pour plusieurs, la santé reste tributaire d'un bon moral, lequel équivaut à la capacité de s'adapter à son âge et aux pertes éventuelles sans exagérer l'impact des perturbations physiques liées au vieillissement normal.

Un *minimum de revenu* est nécessaire au bien-être de la personne âgée. Une fois ce minimum assuré, le revenu exerce une influence moins déterminante sur l'équilibre mental.

Au contraire, une situation financière précaire est l'un des facteurs responsables de problèmes de santé mentale comme la dépression et l'anxiété. La plupart des aînés composent avec une baisse de revenus après la retraite. La pauvreté atteint surtout la femme âgée seule. Se retrouver dans une situation économiquement faible veut dire connaître des difficultés d'accès à des activités et à des services de toutes sortes et vivre dans des conditions qui ne laissent pas de place à l'imprévu.

Les activités organisées et les groupes d'animation ne sont pas absolument nécessaires pour assurer la *qualité de l'environnement physique* des aînés. Des moyens de transport adéquats, la proximité des services et la satisfaction quant au lieu de résidence permettent un contrôle direct de l'environnement et doivent être privilégiés dans la perspective d'une meilleure santé mentale.

Donner un *sens à sa vie* signifie avoir des objectifs et une orientation, ainsi que la conviction que la vie vaut la peine d'être vécue, peu importe son état physique ou ses conditions de vie. En donnant ou en découvrant un sens à sa vie par ses souvenirs, ses engagements, son optimisme personnel ou ses croyances religieuses, une personne âgée peut surmonter la douleur, les pertes et apprivoiser la mort.

Santé mentale et vieillissement heureux

La santé mentale et la perspective d'un vieillissement heureux sont intimement liées. Plusieurs caractéristiques associées à une bonne santé mentale chez les aînés apparaissent aussi dans les définitions d'un vieillissement sain. En effet, le bien-être psychologique durant la vieillesse est synonyme de bien vieillir. Mais qu'est-ce qu'une vieillesse heureuse ?

Ryan et Deci (2002) considèrent la satisfaction des besoins fondamentaux de l'être humain, telles l'autonomie, la relation positive avec les autres, en lien avec un environnement favorable, comme un élément majeur d'une vieillesse heureuse. Il existerait une motivation intrinsèque pour la satisfaction des besoins psychologiques et pour la croissance personnelle tout au long de la vie. Cependant, pour la personne âgée, l'environnement doit soutenir par des conditions appropriées cette tendance à la satisfaction des besoins fondamentaux.

Des recherches récentes (Cartensen, 1998 ; Kasser et Ryan, 1999) viennent réaffirmer le lien prépondérant entre les relations interpersonnelles satisfaisantes des personnes âgées et la vieillesse optimale.

Certains auteurs s'attachent surtout à dépeindre la plénitude de l'âge lorsqu'ils évoquent le vieillissement heureux en décrivant un haut degré de maturité se caractérisant par une grande justesse de jugement, une extrême sensibilité esthétique, une profonde humanité, voire l'atteinte d'une certaine forme de sagesse (Wong, 1998; Erikson, 1982; Baltes et Staudinger, 1993). La créativité est aussi perçue comme un atout de taille pour un vieillissement heureux (Vaillant, 2002).

Carol Ryff, mentionnée précédemment (Ryff, 1987) a effectué depuis 20 ans un travail considérable sur la santé mentale et la vieillesse réussie. Nous retenons ses six critères comme autant de composantes permettant de bien définir le bien-être psychologique de la personne âgée qui vit une vieillesse saine.

Les recherches sur le vieillissement réussi mentionnent aussi la présence de quelques dispositions individuelles importantes qui faciliteront l'avancée en âge. L'*extraversion*, qui se définit comme une grande sociabilité et une bonne estime de soi favoriserait une diminution de l'anxiété et un meilleur moral. L'*ouverture à l'expérience*, caractérisée par la curiosité intellectuelle, la tolérance et l'écoute de ses propres sentiments, conduirait au développement de la sagesse. L'*optimisme*, pour sa part, constituerait un trait protecteur contre la dépression et le risque de maladie grave. Les personnes âgées possédant un *sens de la cohérence*, qui voient un sens aux obstacles dans leur vie, celles qui sont dotées d'une bonne *endurance psychologique* et d'un sentiment de maîtrise des événements (*contrôle interne*) s'inscrivent aussi dans la perspective d'une vieillesse heureuse (Aguerre et Bouffard, 2003).

Les attitudes et le rôle des intervenants et des proches

Après avoir compris les notions de santé mentale et de vieillissement sain, les différents facteurs qui les influencent, il est opportun d'examiner l'importance de la qualité de nos attitudes dans le maintien de la santé mentale et la facilitation du cheminement vers une vieillesse plus saine chez la personne âgée. Le respect, la persévérance dans la compréhension, l'écoute de la personne âgée semblent des attitudes fondamentales. Une bonne capacité d'observation, l'aptitude à détecter les changements positifs (coiffure, habillement, goût de vivre, progrès dans la marche, l'humeur) et les changements négatifs (perte d'appétit, dérèglement de l'humeur), ainsi qu'une solide connaissance du vieillissement, l'absence de préjugés et la confiance dans les forces de la personne âgée peuvent assurer des contacts interpersonnels de qualité avec elle.

Quant au rôle de chacun, dans la promotion de la santé mentale, il pourrait être de favoriser le maintien et le développement de l'autonomie psychique, c'est-à-dire la capacité de choisir et de décider. Celle-ci permet à la personne âgée, malgré la baisse d'énergie physique due au vieillissement, de se prendre en charge et de se réaliser à travers des activités quotidiennes maintenues et choisies par elle.

Certes, l'aîné doit s'adapter à sa baisse d'énergie physique. Il y a aussi les maladies physiques et cérébrales qui peuvent engendrer des maladies mentales et qu'il faut connaître et soulager. Mais il ne faut pas oublier que 90 % des gens âgés sont sains mentalement et que la personne âgée continue d'évoluer psychiquement, malgré le déclin physique.

Quelle que soit la détérioration physique, les personnes-ressources ou amis doivent inciter la personne à prendre des moyens pour maintenir et développer son autonomie psychique. Elle peut, par exemple, se fixer des buts, des défis, avoir des activités créatrices, communiquer avec les autres, jouir de la nature, apprécier les objets, évoluer dans le domaine spirituel. Il faut lutter contre le préjugé trop répandu qui veut que l'aîné en perte d'autonomie physique perde aussi son autonomie psychique et que les soins à lui prodiguer se résument au gîte, à la nourriture et au bien-être physique, en négligeant l'isolement et l'absence d'activités sociales, artistiques et spirituelles.

Que la personne âgée se considère comme utile, comme ayant une valeur à ses propres yeux et aux yeux des autres, cela devrait sans cesse nous préoccuper. L'estime de soi est un bien précieux que l'accumulation des pertes peut atteindre. Il faut parfois chercher avec la personne âgée les meilleurs moyens pour qu'elle continue de se valoriser et de se réaliser en accomplissant des actions et des gestes valables pour elle.

> *Marie a enseigné le français à l'école primaire durant toute sa carrière. Maintenant, à 70 ans, sa santé ne lui permet plus de s'impliquer autant qu'elle le voudrait dans son milieu. Cependant, c'est avec joie et grande fierté qu'elle reçoit chez elle, chaque semaine, pour les aider, des enfants qui ont de la difficulté à bien écrire le français.*

En participant à certaines activités choisies et adaptées à ses forces, c'est la continuité de ses relations avec les autres que l'aîné favorise. C'est cependant l'accueil, la tolérance, l'ouverture et le pardon qui font la qualité de ces relations. S'appliquer à combattre l'isolement de la personne âgée, avec sa collaboration, contribue à réduire considérablement les problèmes physiques et mentaux.

Enfin, l'aîné qui poursuit des buts et entreprend des projets conserve un sens à sa vie. Bien des suicides et des dépressions pourraient être évités si l'espérance se ravivait au cœur même d'un amour à partager, parfois avec des plus démunis que soi. C'est connu, l'amour fait vivre et donne des raisons importantes pour combattre la mort.

Favoriser le mieux-être psychologique de la personne âgée constitue un choix. Nous pouvons demeurer au niveau des soins physiques et de la sécurité, mais nous pouvons aussi profiter de chaque instant de présence auprès de la personne, de chaque action au niveau corporel et matériel, pour relancer sa motivation et sa volonté de vivre, détruire les germes de sa solitude, augmenter son estime d'elle-même et stimuler son autonomie. Il s'agit d'une décision importante pour favoriser la qualité de vie des personnes âgées.

Pouvez-vous identifier les changements possibles dans vos manières d'agir ou vos attitudes qui favoriseraient davantage la santé mentale des personnes âgées que vous côtoyez ?

Références

AGUERRE, C. et L. BOUFFARD (2003). « Le vieillissement réussi : théories, recherches et applications cliniques », *Revue québécoise de psychologie*, 24, 3.

ALLPORT, G. (1970). *Structure et développement de la personnalité*. Paris, Delachaux et Niestlé.

ATCHLEY, R.C. (1989). « A continuity theory of normal aging », *The Gerontologist*, 29, 2.

BALTES, P.B. et U.-M. STAUDINGER (1993). « The search for a psychology of wisdom », *Current Directions in Psychological Science*, 2, p. 75-80.

BERGER, L. et D. MAILLOUX-POIRIER (1993). *Personnes âgées, une approche globale*. Montréal, Études vivantes.

BIRREN, J. et V.J. RENNER (1981). « Concepts and criteria of mental health and aging », *American Journal of Orthopsychiatry*, 51, 2.

BROWN, S. et BERTRAM (1975). « Definition of mental health and disease », dans A. FREEDMAN, H. KAPLAN et B. SADOCK (éd.), *Comprehensive Textbook of Psychiatry 1*.

BUTLER, R.N. (1969). « Age-ism, another form of bigotry », *The Gerontologist*, 9, 243.

BUTLER, R.N. (1975). *Why Survive? Being Old in America*. New York, Harper and Row.

CARTENSEN, L. (1998). « A life-span approach to social motivation », dans J. HECKHAUSEN et C. DWECK (éd.), *Motivation and self-regulation across the life-span*. New York, Cambridge University Press.

CHAMPAGNE, R. et L. FRENETTE (1984). « Stéréotypes de la population québécoise envers les personnes âgées », *Les cahiers de l'ACFAS*, Montréal.

CHAMPAGNE, R., L. FRENETTE, H. et J. STRYCKMAN (1992). *La vieillesse : voie d'évitement ou voie d'avenir ?*, Boucherville, Gaëtan Morin Éditeur.

CHAMPAGNE, R. (1984). « Vieillesse et psychologie », *Les cahiers des journées de formation annuelle du Sanatorium Bégin*, Québec, 1, 1, p. 55-66.

CHAMPAGNE, R. (1985). « Troisième âge et santé mentale, qu'en est-il ? Santé mentale et vieillissement », *Les cahiers des journées de formation annuelle du Sanatorium Bégin*, Québec, 4, 7, p. 7-16.

COAN, R.W. (1974). *The Optimal Personality : An Empirical and Theoretical Analysis*. New York, Columbia University Press.

COAN, R.W. (1977). *Hero, Artist, Sage, or Saint?* New York, Columbia University Press.

CONSEIL CONSULTATIF DU TROISIÈME ÂGE (1990). *La position du C.C.N.T.A. sur l'image publique du vieillissement*. Ottawa, MAS.

CONNIDIS, I. (1989). *Family Ties and Aging*. Toronto, Butterworths.

DABROWSKI, K. (1972). *Le dynamisme des concepts*, Québec, Les Éditions Saint-Yves.

DUBOS, R. (1986). *L'homme face à son milieu. Médecine et société les années 80*. Montréal, Éditions Saint-Martin.

EBERSOLE, P. et P. HESS (1985). *Toward Healthy Aging*. SaintLouis, The C.V. Mosby Co.

ERIKSON, E.H. (1968). *Adolescence et crise*. Paris, Flammarion.

ERIKSON, E.H. (1982). *The life cycle completed*. New York, Norton.

FREEMAN, H. et J. GIOVANNI (1969). *The Handbook of Social Psychology : Social Psychology of Mental Health*. Massachusetts, Addison Wesley Publishing Company.

GOTTLIEB, B. (1985). « Social support and community mental health », dans S. COHEN et L. SYME (éd.), *Social Support and Health.* New York, Academic Press.

INGELS, M. (1982). *La notion de santé mentale.* Comité de la santé mentale du Québec.

JOURARD, (1980). *Healthy Personality.* New York, McMillan Pub. Co.

KASSER, V.M. et R.M. RYAN (1999). « The relation of psychological needs for autonomy and relatedness to health, vitality, well-being and mortality in a nursing home », *Journal of Applied Social Psychology*, 29, p. 935-954.

KRAUSS, N. (1986). « Social support, stress and well-being among older adults », *Journal of Gerontology*, 41, 4, p. 512-519.

LARSON *et al.* (1986). « Daily well-being of older adults with friends and family », *Psychology and Aging*, 1, p. 117-126.

LECLERC, G. (1991). « L'actualisation des personnes âgées », *Le Soleil*, novembre.

MASLOW, A. (1972). *Vers une psychologie de l'être.* France, Fayard.

MURRAY, R., M.M. HUELSKOETTER et D. O'DRISCOLL (1980). *The Nursing Process in Later Maturity.* New Jersey, Prentice Hall.

PETTERSEN, N. et Y. BORDELEAU (1982). « Lieu de contrôle interne-externe et attribution de la causalité : vers une classification théorique », *Revue québécoise de psychologie*, 3, 2.

POULIN, J.E., G.R. DE GRÂCE et P. JOSHI (1983). « La solitude chez l'adulte normal : une recension des écrits », *Revue québécoise de psychologie*, 4, 1.

RYAN, R.M. et E.L. DECI (2002). « Overview of self-determination theory : An organismic dialectical perspective », dans E.L. DECI et R.M. RYAN (éd.), *Handbook of self-determination research.* Rochester, University of Rochester Press.

RYFF, C. (1987). *The Challenge of Successful Aging.* Discours-programme présenté à l'Association canadienne de gérontologie, Calgary (Alberta).

STRYCKMAN, J. (1981). *Mariages et mises en ménage au cours de la vieillesse.* Québec, Université Laval, Laboratoire de gérontologie sociale.

VAILLANT, G.E. (2002). *Aging well.* New York, Little, Brow.

WAN, T. et W. WEISSERT (1981). « Social support networks, patient status and institutionalization », *Research on Aging*, 3, 2.

WIGDOR, B.T. et L. PLOUFFE (1991). *La santé mentale et le vieillissement. Conseil consultatif national sur le troisième âge*. Ottawa.

WILSON, H.S. et C.R. KNEISL (1982). *Soins infirmiers psychiatriques*. Montréal, Éditions du renouveau pédagogique.

WONG, P.T.P. (1998). « Spirituality, meaning, and successful aging », dans P.T.P. WONG et P. FRY (éd.), *The human quest of meaning: A handbook of psychological research and clinical applications*. Mahwah, NJ, Erlbaum.

Chapitre 3
LE PROCESSUS DE VIEILLISSEMENT : DÉCLINS ET DYNAMISMES

Vieillir, si l'on sait, ce n'est pas tout ce qu'on croit.
Ce n'est pas du tout diminuer, mais grandir.
Marcel Jouhandeau, *Réflexions sur le vieillissement et la mort*

La vieillesse n'est pas très populaire parce qu'elle nous révèle sans ménagement notre fragilité, nos faiblesses et la réalité de notre mort prochaine. Cependant, cette étape de la vie est aussi un sommet. Ne parle-t-on pas de la plénitude de l'âge ? Pour bien comprendre cette période de la vie, il semble important de la saisir dans toute sa réalité faite à la fois de déclins et de dynamismes. Nous pourrons ainsi continuer à éliminer nos préjugés, à améliorer notre perception et à changer nos attitudes et nous contribuerons, par le fait même, à donner à la vieillesse un visage plus humain.

Début de la démarche

Répondez à ces questions sur le processus du vieillissement à partir de vos connaissances personnelles sur le sujet.

Quels seraient, selon vous, les principaux changements physiques reliés à l'âge ?

Quels seraient les changements possibles au niveau de la perception (faculté psychologique qui permet l'enregistrement et l'interprétation des stimuli sensoriels) ?

De la coordination ?

Quels sont leurs effets sur la personne âgée ?

Affectent-ils les activités quotidiennes ou de la routine de la personne âgée ?

Les dépressions et l'irritabilité deviennent-elles plus fréquentes en vieillissant?

La personnalité se modifie-t-elle en vieillissant?

L'intelligence diminue-t-elle avec l'âge?

La personne âgée peut-elle acquérir de nouvelles connaissances? À quelles conditions?

Y a-t-il des changements au niveau de la mémoire?

La capacité de résoudre des problèmes change-t-elle avec l'âge?

Est-ce que la créativité décline en vieillissant?

Des réponses à ces questions seront fournies dans ce chapitre, de manière à vous permettre de vérifier l'état de vos connaissances sur le sujet.

La nature du processus de vieillissement

Il est difficile de définir la vieillesse et arbitraire de recourir au seul critère de l'âge. Quand sommes-nous vieux? À 50 ans, à 75 ans ou à 80 ans? En fait, le vieillissement est un processus qui commence à la naissance! Mais, officiellement et socialement, la vieillesse commence à 65 ans.

Nous nous apercevons du vieillissement par les changements qui s'effectuent en nous. Ces changements sont soumis aux différences individuelles dans leur moment d'apparition, dans leur durée et dans les réactions d'adaptation qu'ils provoquent. En effet, le vieillissement atteint les personnes différemment; ses manifestations n'apparaissent pas au même moment pour toutes, et chacune y réagit de façon particulière. Les premiers cheveux blancs peuvent surgir à quarante ans pour les uns; d'autres, à soixante ans, en ont à peine. Les signes avant-coureurs de la vieillesse entraînent dans la vie de certaines personnes des passages difficiles; pour d'autres, ils représentent un temps d'ajustement pour mieux continuer leur croissance. De toute façon, ces modifications physiques, psychiques et cognitives atteignent les gens, et ce sont ces trois aspects du processus de vieillissement que nous analyserons ici.

Les changements physiques

À moins de traumatismes exceptionnels, le vieillissement physique se déroule graduellement. La plupart des gens sentent leurs forces décliner entre 30 et 35 ans mais ne s'en préoccupent guère tant que leurs activités quotidiennes ne sont pas affectées. Les modifications physiques graduelles se remarquent quand elles atteignent un seuil critique. Par exemple, la première paire de lunettes à double foyer indique des limites visuelles associées à l'âge. Le vieillissement physique a aussi des conséquences sur l'image qu'une personne a d'elle-même : c'est pourquoi les industries de la beauté sont tellement en vogue…

Le vieillissement physique obéit toutefois à certaines lois importantes. Tous les individus ne vieillissent pas au même rythme ou de la même façon. Ce rythme peut être héréditaire. Le vieillissement ne signifie pas une diminution importante de la santé physique : bien des personnes âgées sont en meilleure santé que certaines personnes plus jeunes. Tous les changements physiques de la vieillesse ne sont pas néfastes non plus ; les rhumes, allergies et maux de tête chroniques, par exemple, tendent à diminuer, ainsi que les troubles digestifs aigus. Pour bien comprendre les changements physiques, nous devons les considérer dans leurs rapports avec les conditions économiques, psychiques, sociales, culturelles et avec les habitudes d'hygiène du sujet. Tous ces éléments ont un lien avec le processus de vieillissement d'une personne. Par exemple, un faible revenu à la retraite peut causer du stress et des problèmes de santé ; l'adaptation à la perte d'une personne chère requiert beaucoup d'énergie et peut accélérer le déclin physique ; le manque d'exercice, le tabagisme, les abus ont aussi un effet sur le vieillissement et les changements corporels.

Les changements physiques touchent :

- *L'apparence*. Les cheveux blancs, les rides apparaissent, la peau devient flasque.
- *Le système pileux*. La couleur, l'épaisseur et la vigueur des poils et des cheveux changent.
- *La stature*. Les os devenant plus poreux, la courbe naturelle de la colonne vertébrale s'accentue. Le corps se replie et la taille diminue, et ce, à partir de 40 ans environ.
- *La structure corporelle*. Il y a augmentation des graisses et des tissus fibreux aux dépens des tissus maigres au milieu de la trentaine.
- *Les cellules*. Elles subissent une réduction de leur capacité de restauration.
- *Les tissus*. La peau subit une perte d'élasticité.
- *L'ossature*. Les os deviennent plus poreux ; il y a augmentation des fractures à cause de l'ostéoporose.

– *Les sens.*

- *la vue*. La presbytie apparaît (la cornée perd une partie de son élasticité et de ses capacités de focalisation) ; les recherches font aussi état d'une diminution, avec l'âge, de la capacité de distinguer certaines couleurs, tels le bleu et le vert, ce qui rendrait plus difficile l'identification de certains médicaments (capsules ou comprimés de diverses couleurs). Cinq aspects de la vision déclinent avec l'âge : la rapidité de traitement, la vision rapprochée, la sensibilité à la lumière (éblouissement), la vision dynamique (lecture des signes en mouvement) et le repérage visuel (trouver un élément dans une scène complexe) (Papalia et Olds, 2005).
- *l'ouie*. C'est probablement le sens le plus touché par le vieillissement, surtout à partir de 60 ans. Les hommes sont plus affectés que les femmes. On rapporte que 45 % des hommes et 35 % des femmes de 75 ans et plus ont de la difficulté à entendre (Mishara et Riedel, 1994). Le seuil d'audibilité des sons à haute fréquence (aigus) est plus atteint que celui des sons graves ; c'est la presbyacousie.
- *le goût et l'odorat*. Des recherches importantes ont été effectuées, ces dix dernières années, sur la modification du goût et de l'odorat par l'âge. L'affirmation selon laquelle la personne âgée « trouve la nourriture moins appétissante et plus fade » serait non fondée. Selon Weiffenback (1984), en effet, le sens du goût se perd très peu avec l'âge. Par contre, la capacité d'identifier les odeurs diminue en vieillissant, surtout chez les hommes, alors que les femmes identifient mieux les odeurs. De même les non-fumeurs ont de meilleures capacités olfactives que les fumeurs. Plus on avance en âge, moins les odeurs semblent intenses et plus elles sont difficiles à identifier (Mishara et Riedel, 1994).
- *le sens de l'équilibre*. Les personnes âgées sont plus sujettes aux vertiges et ont plus de difficultés à retrouver leur équilibre après avoir buté contre un obstacle en marchant.

– *La motricité fine et globale*. À cause du déclin de la force musculaire, les mouvements deviennent plus lents et les muscles se fatiguent plus rapidement et se remettent plus lentement du stress ou d'un effort. Ce phénomène est lié à la perception visuelle : qui voit mal, manie mal.

– *La nutrition, la digestion, l'élimination*. Les besoins nutritifs se modifient en raison de la diminution des activités physiques. Le corps a moins besoin de nourriture et élimine plus lentement. Entre 20 et 80 ans, le foie et les reins perdent 35 % de leur efficacité, ce qui a une incidence sur l'effet de certains médicaments, le valium par exemple, qui est prolongé dans l'organisme des personnes âgées. Ce phénomène s'appelle « pharmacokinésie » et se vérifie auprès de beaucoup de personnes âgées consommatrices de tranquillisants et de somnifères dont les effets se manifestent plus longuement chez elles.

– *Les systèmes pulmonaires et cardiovasculaires.* Il y a, en vieillissant, diminution de la capacité et de l'efficacité des poumons et du système cardiovasculaire. Les effets de l'ostéoporose et l'affaiblissement des tissus musculaires réduisent la capacité thoracique, diminuant ainsi le volume d'air qui peut être absorbé par les poumons ; le déclin de la capacité musculaire a aussi des conséquences négatives sur la respiration. Le cœur, les artères, les veines et les capillaires dégénèrent aussi avec l'âge. Le rendement maximal du cœur et le nombre de battements diminuent. Les vaisseaux sanguins, particulièrement les artères perdent de leur élasticité (Mishara et Riedel, 1994).
– *Le sommeil.* La personne âgée dort aussi longtemps qu'une personne plus jeune, mais elle s'éveille plus souvent, et la phase de sommeil profond est plus courte.

L'exercice, une bonne alimentation, de saines habitudes de vie (ne pas fumer, éviter les abus d'alcool ou d'autres toxiques) ralentissent le vieillissement physique.

Les changements psychiques

De quelle manière le processus de vieillissement affecte-t-il la perception et la capacité d'accomplir la routine quotidienne ? L'humeur est-elle perturbée par le fait de vieillir ? La personnalité change-t-elle avec l'âge ? Ces quelques questions portant sur les transformations psychiques ont aussi fait l'objet de certaines recherches.

– *La perception.* La perception est le phénomène par lequel les sens enregistrent différentes catégories de stimuli (visuels, auditifs, olfactifs, tactiles, etc.), qui sont ensuite interprétés par le cerveau. La perception comprend donc deux volets : l'entrée des informations par les voies sensorielles (la vision, l'audition, etc.) et l'attribution d'une signification à la réalité perçue. Le déclin plus ou moins prononcé de la capacité de perception sensorielle est une des données les plus claires de la gérontologie. Il y a cependant de grandes différences individuelles dans la conservation de cette capacité.

La réduction de la capacité de percevoir et de traiter des informations concernant l'environnement affecte le comportement de la personne. Cependant, comme ces changements atteignent d'abord la limite supérieure des capacités de la personne, ils ont un impact sur les activités rapides ou sur le travail, mais non sur les activités ordinaires ou de routine.

La perte de l'acuité visuelle peut isoler davantage la personne âgée. Ne plus pouvoir lire ou regarder la télévision entraînera peut-être une diminution de la vie sociale et une baisse de l'intérêt pour les activités récréatives.

Pour ce qui est de l'acuité auditive, les personnes âgées qui entendent mal, accusent les autres de marmonner. L'incapacité de bien comprendre peut engendrer de la méfiance et même des tendances paranoïdes. Le port de prothèses auditives rend service mais est parfois retardé par gêne (apparence) ou par difficulté d'adaptation (sons métalliques).

Huyck et Hoyer (1982) estiment que l'ensemble de ces déclins pourrait avoir des conséquences négatives sur la vie des personnes âgées. Ils suggèrent des impacts négatifs au niveau de la satisfaction globale face à la vie, dans les relations interpersonnelles, sur le plan de la motivation à l'apprentissage et enfin au niveau de la sécurité.

Les lignes qui précèdent peuvent laisser croire que les personnes âgées sont à demi aveugles, incapables de lire et de se diriger, sourdes et insensibles. C'est plutôt l'inverse qui est vrai, car « la *plupart* des personnes âgées sont parfaitement capables de poursuivre normalement leurs activités ou de compenser, au besoin, les effets des pertes sensorielles qu'elles ont pu subir, de sorte que celles-ci sont réduites au minimum » (Mishara et Riedel, 1994). Nous croyons, en effet, que la personne âgée victime de diminutions sensorielles tentera de maintenir sa qualité de vie et d'atteindre malgré tout ses buts en recourant à des moyens et à des ressources qui l'aideront à diminuer les conséquences de ces pertes, et ce, tant que la volonté de vivre l'entraînera à le faire.

> *Isidore a 87 ans et malgré des problèmes sérieux au niveau de la vision, de l'audition et de la motricité, il habite encore sa maison, qu'il parvient à entretenir avec un peu d'aide d'amis et de bénévoles. Il fait ses repas, qu'il partage avec son chat Ti-Minou, qui lui tient compagnie. Ses plus grandes réussites culinaires sont son gruau et son sirop pour les bronches, à base de brandy, qu'il distribue joyeusement à ses amis. Isidore est de toutes les fêtes, où il est un véritable artiste du discours. Ses pertes sensorielles ne*

l'empêchent donc pas de poursuivre sa vie habituelle en comptant sur un peu d'aide de son entourage, avec qui il entretient de très bons liens.

- *La coordination.* Les difficultés de coordination s'accroissent avec l'âge. Elles proviennent du ralentissement des réactions. La diminution de la force musculaire n'aide pas. Ces difficultés peuvent nuire à l'accomplissement des tâches ordinaires, tels cuisiner, faire sa toilette, entretenir la maison. Le ralentissement dans certaines tâches peut être dû à l'augmentation du temps nécessaire pour prendre la décision d'agir. La personne âgée prend plus de temps à se décider, possiblement à cause de la prudence acquise avec l'expérience. Il est donc nécessaire de tenir compte du temps plus long consacré à la planification et à la préparation des tâches.

  « Tout va toujours trop vite pour moi, dit Thérèse. Le temps que je pense à faire cuire mon œuf, ma fille l'a déjà fait pour moi. Et il en est de même pour bien des petites choses. J'ai l'impression d'être bousculée... Envoyez ! Allez-y, maman ! »

- *L'émotion.* Y a-t-il des changements d'humeur, telles l'irritabilité, la tristesse, la dépression, associés au vieillissement ? Jusqu'à présent, il n'existe aucune preuve, à cause de l'insuffisance des recherches sur le sujet, que la vie émotive des personnes âgées soit pire que celle des plus jeunes. Il semble, au contraire, « que les états négatifs diminuent tandis que les états plus positifs se stabilisent » (Mishara et Riedel, 1994). En effet, l'autorégulation émotionnelle devient plus efficace avec l'âge et les personnes âgées vivraient moins d'expériences émotives négatives (Gross *et al.*, 1997). L'émotivité dépend de différents facteurs, tels le revenu, la vie sociale, la satisfaction personnelle. On note que les états émotifs négatifs sont souvent associés aux désordres psychosomatiques et au cancer.
- *La personnalité.* La personnalité se définit de bien des manières, mais la définition la plus couramment employée est celle d'Allport (1937). Selon ce chercheur, la personnalité est « l'organisation dynamique interne des systèmes psychologiques de l'individu qui déterminent son ajustement propre à son environnement ». La personnalité est donc l'ensemble des différentes dimensions psychologiques de l'être humain, ses forces et ses limites, sur les plans intellectuel, affectif et spirituel, qui influencent son ajustement aux autres individus et au monde en général.

Neugarten et ses collègues (1964) ont fait ressortir différentes constantes au sujet de la personnalité des personnes âgées dans le cadre des études de Kansas City :

1. Les personnes âgées sont plus différenciées et ont plus d'expérience que les jeunes. Elles ont donc une personnalité plus singulière et plus caractérisée que les jeunes.
2. Les êtres humains comme groupe ne changent pas en vieillissant. Les chercheurs ne s'entendent pas sur l'existence et la nature des modifications qui surviendraient de façon identique lors du vieillissement, au niveau de la personnalité.
3. Le vieillissement qui s'explique par l'ensemble de toutes les étapes de la vie. L'être humain formant un tout avec son histoire personnelle, celle-ci contient la clé permettant de saisir la dynamique qui l'anime dans la dernière tranche de sa vie.
4. La personnalité établie à la maturité constitue un bon indicateur de l'ajustement à la vieillesse. C'est donc que la personnalité tend à demeurer à long terme, sauf lors d'expériences limites, de maladies graves et de changements radicaux dans l'environnement du sujet.
5. La personnalité tend à se maintenir toute la vie et à devenir de plus en plus saillante à la vieillesse. Les traits de personnalité se renforcent donc et se confirment avec l'âge.
6. La personnalité continue néanmoins d'évoluer pendant toute la vie. Si la personnalité est une structure, elle est une structure vivante et ouverte aux changements. C'est un noyau, une base qui s'adapte aux événements de la vie. La structure de la personnalité adulte s'inscrit dans la continuité de celle de l'enfant et de l'adolescent, mais elle n'est pas identique à cette dernière.

Dans la ligne du maintien de la structure de la personnalité avec l'âge, les résultats de plusieurs études longitudinales effectuées par Costa et McCrae (1987, 1988, 1989, 1990) indiquent le maintien de cinq traits de personnalité : l'humeur (personnalité stable ou instable ; froide ou émotive) l'extraversion (personnalité réservée ou affectueuse ; solitaire ou sociable), l'ouverture à l'expérience (personnalité imaginative ou matérialiste ; conformiste ou originale), l'amabilité (personnalité entêtée ou souple ; irritable ou avenante), l'attention (personnalité négligente ou consciencieuse ; paresseuse ou travailleuse).

L'ensemble des chercheurs considère ces cinq traits comme la meilleure combinaison de facteurs pouvant caractériser la personnalité. Selon Kogan (1990), cette structure est utilisée depuis 25 ans dans le champ des recherches sur la personnalité.

Costa et McCrae (1989) soutiennent que peu de changements de personnalité se produisent avec l'âge et que ceux-ci sont peu importants si on les compare avec la stabilité des principaux traits de personnalité (Mishara et Riedel, 1994).

Par contre, l'approche dynamique considère au départ la personnalité comme un système qui passe par une série de changements qualitatifs, à des moments particuliers de la vie.

Jung (1933) fut l'un des premiers à poser l'hypothèse de changements dans la personnalité des personnes âgées. Il a suggéré deux types de changement : une évolution progressive vers l'intériorité et un croisement dans la manière de penser et de se comporter de l'un et l'autre sexe.

Neugarten (1966, 1968, 1969) confirme l'existence de ces changements, qu'elle situe à l'étape de la maturité. Ses recherches proposent aussi d'autres changements, tels la structuration du temps, le passage d'une modalité active à une modalité passive dans la maîtrise de l'environnement, et une évolution dans l'interprétation de l'expérience (cf. chapitre 4).

Erikson (1950) propose une évolution humaine en huit étapes dont deux, les étapes de la générativité et de l'intégrité (cf. chapitre 4), se situent respectivement à l'âge mûr et à la vieillesse. La personne vieillissante franchit deux étapes de mûrissement psychique, orientées vers le souci de rendre l'univers meilleur par sa participation créative (générativité) et l'intégration des expériences de la vie dans une synthèse unique (intégrité).

Alors la personnalité se modifie-t-elle en vieillissant ? D'après ces études, il semble que le changement de même que la stabilité font partie de l'évolution de la personnalité avec l'âge. L'ensemble des recherches donnent cependant la primauté à la stabilité qui prévaut dans la situation la plus favorable, si les capacités d'adaptation de la personne ne sont pas sollicitées outre mesure par la maladie, la perte d'un conjoint ou d'autres difficultés psychologiques présentes depuis longtemps. Même si les styles adaptatifs changent avec l'âge, l'ensemble de la personnalité tend à demeurer stable (Papalia et Olds, 2005). Des changements graduels et progressifs s'effectuent pourtant (intériorité croisement des caractéristiques sexuelles...), mais ils n'affecteraient pas le noyau de la structure de la personnalité. Le développement de la personnalité étant un processus continu, les études du comportement personnel et social antérieur d'une personne semblent des mesures plus appropriées que tous les tests de personnalité ou les jugements cliniques pour évaluer l'adaptation à la vieillesse (Berger et Mailloux-Poirier, 1993).

Différentes recherches ont démontré qu'il existe une relation entre le style d'adaptation à la vieillesse, la manière de vivre la vieillesse et la structure de personnalité d'une personne. Des groupes de chercheurs ont ainsi mis au point deux typologies du vieillissement faisant ressortir le lien entre le tempérament de la personne âgée et sa façon de s'adapter au vieillissement.

TYPOLOGIE DU VIEILLISSEMENT SELON REICHARD, LEVINSON ET PETERSEN (1962)

Les personnalités adaptées

Les matures

Ce sont des personnes aimables, qui profitent bien de la vie, s'estiment, se maintiennent actives, s'intègrent bien à l'entourage et sont constructives dans leurs relations interpersonnelles. Elles manifestent de la spontanéité sans être impulsives, elles sont autonomes et tolérantes et regardent avec optimisme vers l'avenir. Ce sont les personnes les mieux adaptées à la vieillesse. Ce type de personnalité rejoint très bien la personnalité optimale présentée dans le chapitre sur la santé mentale (chapitre 2).

Les pantouflards

Ces personnes s'adaptent aussi très bien à la vieillesse, mais d'une façon plus passive et dépendante. Ce sont les amateurs de chaises berçantes, Ces personnes âgées vivent peu de conflits avec les autres mais sont aussi très peu actives socialement. Très heureuses de ne pas prendre de responsabilités, elles acceptent volontiers l'aide que les autres leur apportent. Elles n'ont pas de regrets face au passé, s'extériorisent peu mais peuvent développer des troubles somatiques.

Les endurcis

Ces personnes ont recours à des mécanismes de défense rigides pour contrôler leur peur du déclin et de la dépendance. Elles sont souvent strictes et centrées sur le devoir plutôt que sur le plaisir. Elles s'obligent à rester actives et, en contrôlant leurs émotions, parviennent à se prouver qu'elles ne vieillissent pas.

Elles sont très fières de leur passé et de leur réussite financière, mais deviennent vulnérables lorsque la maladie les oblige à diminuer leurs activités. Elles n'aiment pas l'introspection.

Les personnalités mal adaptées

Les mécontents

Ce sont des personnes colériques hostiles, négatives et amères. Elles blâment constamment les autres de leurs échecs et les accusent de les empêcher d'atteindre les objectifs qu'elles s'étaient fixés. Aigries et méfiantes, elles n'acceptent pas la vieillesse, méprisent les jeunes et ont peur de la mort.

Les dépressifs

Ce sont des personnes dépressives qui ont une faible estime de soi, se blâment elles-mêmes, ont un bilan de vie négatif et ressentent de nombreux regrets. Elles se sentent inutiles et vivent la vieillesse comme une déchéance et la mort comme une délivrance.

TYPOLOGIE DU VIEILLISSEMENT SELON NEUGARTEN, HAVIGHURST ET TOBIN (1968)

Les personnalités bien intégrées (très satisfaites de leur vie)

Les réorganisateurs

Ce sont des personnes actives, qui s'engagent volontiers dans de nouveaux projets.

Les réfléchis

Ces personnes conservent un nombre restreint de rôles et consacrent plus de temps aux loisirs et à la famille.

Les désengagés

Ces personnes se retirent volontairement de leurs anciens rôles, mais demeurent tout de même satisfaites de leur vie.

Les personnalités à forte carapace (très ou moyennement satisfaites de leur vie)

Les conservateurs

Ces personnes se cramponnent aussi longtemps qu'elles le peuvent à leur mode de vie antérieur et conservent leurs activités.

Les réservés

Ces personnes se défendent contre le vieillissement en limitant leurs interactions sociales et leurs expériences.

Les personnalités dépendantes et passives (faiblement, moyennement ou parfois très satisfaites de leur vie)

Les personnes en quête de protection

Ces personnes ont un besoin marqué des autres et sont heureuses dans les situations de dépendance.

Les apathiques

Ce sont des personnes tout à fait passives, qui ont peu d'activités et préfèrent qu'on prenne les décisions à leur place.

Les personnalités non intégrées (très peu satisfaites ou aucunement satisfaites de leur vie)

Les désorganisés

Ces personnes ont peu d'activités et sont souvent victimes de troubles psychologiques ou de pertes de contrôle de leurs émotions. Ces deux classifications des personnalités, selon leur degré d'intégration à la vieillesse, peuvent servir de guide pour mieux identifier le style de vieillesse que vit une personne et chercher des moyens de faire évoluer celle-ci vers une meilleure adaptation.

Quelles personnes âgées avez-vous reconnues dans ces typologies?

Les changements cognitifs

L'intelligence

Notons d'abord que l'intelligence a été beaucoup plus mesurée qu'elle n'a été définie et que l'absence de consensus à ce chapitre révèle la difficulté que pose une telle définition. Pour certains, l'intelligence est la capacité de s'adapter à de nouvelles situations et de résoudre des problèmes. Pour d'autres, elle est la capacité de penser rationnellement et de manière abstraite.

Malgré l'absence d'une définition universelle de l'intelligence, les chercheurs ont poursuivi de nombreuses et fructueuses recherches et leurs travaux ont soulevé un débat autour de la question qui nous intéresse: l'intelligence diminue-t-elle avec l'âge?

Les deux grandes positions théoriques, dans ce domaine, sont représentées par K. Warner Schaie et Paul B. Baltes (Baltes et Schaie, 1974, et Schaie, 1974), d'une part, et J. Horn et G. Donaldson (Horn et Donaldson, 1977), d'autre part.

Les travaux de Schaie se rapportent à plusieurs aspects de l'intelligence, mais nous parlerons surtout de trois composantes dont les résultats de recherche offrent des données intéressantes pour le processus du vieillissement : le raisonnement verbal, la rapidité de réponse et les aptitudes à l'apprentissage.

Le test du raisonnement verbal mesure l'étendue du vocabulaire de la personne. Certaines recherches tendent à démontrer le déclin de cette capacité à partir de l'âge de 25 ou 30 ans. Ces études effectuées selon des méthodologies transversales*, tendent surtout à démontrer que les plus jeunes sont plus scolarisés et obtiennent de meilleurs résultats à ce test. Selon Schaie, la capacité verbale continue de se développer jusque vers les toutes dernières années de la vie, pour diminuer ensuite lentement. En fait, au lieu de commencer à diminuer à partir de 25 ans, elle baisserait plutôt à partir de 70 ans ou plus.

Le ralentissement général et l'importance du facteur temps pour les personnes âgées reconnues en gérontologie dans les tests sont des réalités. Beaucoup d'épreuves d'intelligence sont chronométrées et, de ce fait, désavantagent la personne âgée. Schaie est d'avis, en compilant les résultats globaux des tests, que le ralentissement mesuré lors des épreuves des tests intellectuels est largement compensé par l'augmentation des habiletés verbales (connaissances, jugement, vocabulaire).

Une des conclusions les plus encourageantes auxquelles aboutissent les travaux de Schaie est que la personne peut apprendre toute sa vie. Dans les tests d'aptitude à l'apprentissage, les résultats élevés obtenus par les personnes âgées démontrent qu'elles conservent leur capacité d'apprendre jusqu'à un âge avancé.

Dans des études plus récentes, Schaie (1989) révèle que 60 % à 85 % des participants ne subissent aucune diminution de l'intelligence, que peu de sujets connaissent un affaiblissement de l'intelligence entre 60 et 67 ans et que seulement un tiers souffrent d'un déclin entre 67 et 74 ans. Parmi les 80 ans et plus, 30 % à 40 % ont vu diminuer leurs résultats aux tests d'intelligence (Mishara et Riedel, 1994).

---

* Méthodologie transversale : méthode de recherche dans laquelle le chercheur compare des personnes de différents groupes d'âge. L'échantillon de sujets pourrait comprendre, par exemple, 50 sujets nés en 1920, 50 sujets nés en 1940, et ainsi de suite, jusqu'en 1970.

Pour Schaie, l'ensemble des résultats démontre que le fonctionnement intellectuel tend à demeurer stable toute la vie et que, s'il y a déclin intellectuel, il se produit tard dans la vie des personnes et demeure généralement sans importance. Selon ce point de vue, la diminution de l'intelligence avec l'âge tiendrait largement du mythe.

Pour Horn et Donaldson (1977), au contraire, il est faux de prétendre que le déclin des aptitudes intellectuelles est un mythe. Tôt ou tard, l'intelligence finit par décliner de manière appréciable. Ces deux chercheurs s'inspirent des travaux de Cattell (1963), qui propose deux formes d'intelligence, l'une fluide, l'autre cristallisée. L'intelligence fluide représente la faculté de résoudre des problèmes nouveaux et repose sur la capacité biologique d'acquérir des connaissances. L'intelligence cristallisée agit sur la situation par le recours aux expériences antérieures.

Ce dernier type d'intelligence relève de l'apprentissage et de l'éducation. Les travaux de Horn (1970) indiquent une augmentation des formes cristallisées de l'intelligence et un déclin de l'intelligence fluide, au cours de la vie, cette dernière étant fondée sur l'intégrité physiologique de la personne.

Dans la suite de ces recherches, Baltes (1993) propose un modèle qui tient compte de deux dimensions de l'intelligence : l'intelligence mécanique et l'intelligence pragmatique. On peut rapprocher ces deux types d'intelligences de ceux mentionnés précédemment, soit l'intelligence fluide et l'intelligence cristallisée. Des différences significatives dans la performance des personnes âgées sont souvent observées dans les épreuves touchant la vitesse d'apprentissage, la mémorisation et la résolution de problèmes nouveaux. Ces aptitudes sont reliées à l'intelligence mécanique ou fluide. Les aptitudes concernant le vocabulaire, l'accumulation de connaissances générales, l'expertise et la sagesse qui forment l'intelligence pragmatique ne sont pas touchées par le vieillissement. Au contraire, elles s'améliorent avec l'âge.

Comment les personnes vieillissantes réussissent-elles à compenser les pertes occasionnées par la diminution de l'intelligence mécanique (fluide) dans leurs activités quotidiennes ? Paul et Margaret Baltes (1990) ont tenté de l'expliquer dans un modèle traitant à la fois de la *sélection*, de l'*optimisation* et de la *compensation* (modèle SOC) comme façon de continuer le développement harmonieux des facultés lors du vieillissement. Pour parvenir à ses fins, l'aîné devra choisir parmi les buts qu'il peut se fixer, ceux qu'il jugera accessibles avec ses ressources personnelles plus limitées. La *sélection* peut être élective, elle porte sur des états désirés, ou négative, lorsque par exemple il faut abandonner une activité trop exigeante et en choisir une autre. La sélection négative devient un processus important d'autonomie psychique lorsque surviennent les pertes (Freund et Baltes, 2003). L'*optimisation* implique l'acquisition et le perfectionnement de moyens pour l'atteinte des résultats désirés. Une personne vieillissante, par exemple, consacrera plus de temps à la pratique de son art ou de son sport, elle persistera, mettra plus d'efforts pour atteindre le but fixé. La *compensation* consiste en l'utilisation de nouveaux moyens pour maintenir le niveau de fonctionnement optimal lorsque les moyens déjà utilisés ne sont plus efficaces. La littérature concernant le modèle SOC rappelle l'exemple du grand pianiste Arthur Rubinstein qui utilisait ces trois stratégies dans le but de maintenir sa performance artistique. Il choisissait les pièces où il était le plus habile et réduisait ainsi son répertoire (sélection), il pratiquait ses pièces plus souvent (optimisation) et ralentissait son jeu avant les mouvements rapides pour donner l'impression d'une plus grande vitesse lorsqu'il attaquait les mouvements vifs (compensation). Comme ce grand pianiste, chaque personne développe ses stratégies de maintien d'un fonctionnement cognitif optimal.

Pouvez-vous donner d'autres exemples de ce processus de sélection, optimisation, compensation en regardant vivre les aînés qui vous entourent ?

Les recherches sur l'intelligence sont basées sur des tests où la performance entre en ligne de compte. Bien des chercheurs se sont penchés sur les facteurs qui influencent les résultats de l'évaluation cognitive des personnes âgées. Voici une liste de raisons qui expliquent la performance plus faible des personnes âgées, selon Berger et Mailloux-Poirier (1993), Mishara (1994), Hétu (1988).

- *Le ralentissement.* Les personnes âgées ont une coordination motrice plus lente que les jeunes. De plus, le ralentissement touche la difficulté à percevoir la question (l'acuité des sens diminuant) et à donner rapidement la réponse. Comme plusieurs questions des épreuves intellectuelles exigent une réponse dans un temps limité, chronométré, les personnes âgées sont défavorisées à ce niveau.
- *Les limites sensorielles.* Les pertes sensorielles importantes, surtout sur les plans visuel et auditif, peuvent limiter la performance cognitive et agir sur la vitesse de réaction.
- *La santé.* Les recherches démontrent que la maladie a une influence particulière sur les performances dans les tests intellectuels. Par exemple, des recherches sur l'impact des maladies cardiovasculaires (Hertzog, 1978) ont prouvé que les sujets malades étaient moins performants lors de ces tests.

La pression sanguine, qui a peu d'impact sur la performance des plus jeunes lors des tests, influence les résultats des personnes âgées (Birren, Butler, Greenhouse, Solokoff et Yarrow, 1963 ; Grannick et Patterson, 1971). Comme l'interdépendance des variables physiologiques et psychologiques augmente avec l'âge, un mauvais état de santé chez les gens âgés pourrait bien justifier une mauvaise performance dans les tests intellectuels.

- *La prudence.* Les recherches de Botwinick (1966) ont démontré que les personnes âgées ont tendance à répondre à des questions seulement si elles sont certaines de ne pas se tromper. Cela est dû à la prudence acquise au fil des années. Birkhill et Schaie (1975) ont émis l'hypothèse que les hésitations des personnes âgées à répondre aux questions dont elles ne sont pas sûres pourraient expliquer le déclin du rendement intellectuel mesuré par les tests.
- *La fatigue.* Les personnes âgées se fatiguent plus facilement que les jeunes, ce qui expliquerait leur manque de performance dans les tests de plus longue durée.
- *L'anxiété.* Relié au test lui-même, à sa nouveauté pour la personne âgée, le facteur de l'anxiété, ou la peur d'échouer, pourrait influer sur les résultats.
- *La motivation.* Il semble que les personnes âgées peuvent être démotivées par la non-pertinence de certaines tâches à accomplir dans un tel test. L'effet serait de diminuer leur performance.
- *La « chute finale » ou l'« effondrement terminal ».* Certains chercheurs soutiennent qu'il y a des baisses individuelles marquées de l'intelligence liées à l'approche de la mort. C'est le phénomène de la « chute finale » décrite pour la première fois par Kleemeier (1962). Quelles que soient les habiletés intellectuelles d'une personne, la mort semble être précédée d'un signe prémonitoire : la baisse ou la détérioration des performances, spécialement au niveau du stockage de l'information et des habiletés verbales (le vocabulaire, le jugement, les connaissances générales), et cela, même en l'absence de manifestations physiques (Berger et Mailloux-Poirier, 1993). À noter que les habiletés verbales sont habituellement les plus résistantes au passage du temps et qu'une baisse, à leur niveau, indique généralement la présence de problèmes physiologiques ou psychologiques sérieux. Le déclin intellectuel se manifeste habituellement entre un et cinq ans avant la mort. D'autres recherches tendent à confirmer ce fait (Riegel et Riegel, 1975 ; Berg, 1987). Le phénomène de la « chute finale » a fait ressortir de manière importante l'impact de la maladie sur l'évolution de l'intelligence.

En conclusion, face au débat actuel sur le déclin de l'intelligence et le vieillissement, nous pouvons retenir que la maladie, les conditions de vie défavorables, le phénomène de la « chute finale » et les carences éducatives peuvent mener à un déclin intellectuel chez certaines personnes âgées, mais il ne s'agirait pas d'un phénomène universel. En l'absence de changements pathologiques ou de maladies graves, l'intelligence tend à demeurer stable tout au long de la vie.

De plus, on peut se demander si ce débat sur le déclin intellectuel est si important dans la vie quotidienne de la personne âgée. Nous pensons que les enjeux d'un vieillissement réussi se situent plutôt au niveau de la santé mentale d'une personne et de sa capacité de garder un sens à sa vie malgré les déclins. C'est de la croissance de l'être qu'il s'agit, c'est-à-dire de l'accomplissement optimal de tout son potentiel humain, et non de la performance.

La mémoire

La mémoire est une activité biologique et psychique qui permet de retenir les expériences vécues antérieurement. Les recherches actuelles font état d'un modèle en trois étapes : l'entrée des données, la mémoire à court terme et la mémoire à long terme (Arenberg, 1973 ; Craik, 1977 ; Elias, Elias et Elias, 1977).

- *L'entrée des données, ou mémoire sensorielle*, est la réception initiale des informations. C'est un mécanisme sensitif qui permet de conserver une « copie » du stimulus jusqu'à deux secondes. Les pertes de mémoire les plus importantes semblent survenir à cette étape de la fixation des impressions sensorielles. Cette constatation provient de recherches qui démontrent que l'augmentation de la vitesse de présentation des stimuli aux personnes âgées a des effets très négatifs sur la mémorisation (Mishara et Riedel, 1994). Lorsque le temps de présentation est allongé, les personnes âgées en bénéficient plus que les jeunes.
- *La mémoire à court terme, ou immédiate*, est très limitée et permet de retenir un stimulus entre 30 secondes et 15 minutes, s'il y a répétition du stimulus, par exemple, le temps de retenir un numéro de téléphone pour le composer à nouveau. L'ensemble de la recherche sur la mémoire à court terme considère cette étape comme un système à capacité temporaire pour le stockage et le traitement d'une quantité réduite d'informations. C'est une mémoire de travail, très utile lors d'opérations mentales complexes, comme le calcul, le raisonnement, la compréhension du langage.

Les personnes âgées manifestent des difficultés surtout lorsque l'information à garder en mémoire est complexe ou lorsqu'elle doit être manipulée ou réorganisée dans la mémoire à court terme (Belleville, 1999). La mémoire à court terme décline donc avec l'âge, ce qui rend plus difficile à l'aîné l'utilisation des données essentielles à la synthèse, à l'analyse, à la comparaison et à l'organisation du contenu. Hétu (1988) mentionne quelques conséquences pratiques associées à ce déclin de la mémoire à court terme. Par exemple, la personne âgée aura de la difficulté à se souvenir des directives du médecin ou du pharmacien si elles ne sont pas résumées clairement. Les démarches à effectuer auprès d'un organisme ou les points importants d'une conversation peuvent aussi échapper à l'aîné à cause de sa difficulté à organiser les informations en une synthèse efficace. Il faut donc se servir de certains moyens pour les aider à améliorer leur performance, par exemple des cartes, des photos, des instructions simples et concrètes, etc., la mémoire visuelle semblant moins touchée que la mémoire auditive par le vieillissement.

– *La mémoire à long terme* permet de conserver et d'emmagasiner les informations sur une très longue période de temps, parfois toute la vie. Il existe différents types de mémoire à long terme et ils sont affectés différemment par le vieillissement. Ainsi, la mémoire *épisodique*, celle qui enregistre les événements spécifiques, récents ou anciens, de l'histoire de la personne est celle qui connaît le plus de diminution lors du vieillissement normal. Demandez à une personne âgée ce qu'elle a mangé à son petit-déjeuner ! La mémoire *sémantique*, par contre, est celle qui est la moins touchée par les effets du vieillissement. Elle a trait aux acquis sur l'ensemble des connaissances sur le monde, le vocabulaire, contient des schémas de connaissances abstraites, des scripts qui constituent des représentations d'événements habituels qui se passent dans un contexte donné. L'ensemble de ces connaissances augmente avec le temps. La mémoire *procédurale* constitue un réservoir d'aptitudes à agir sur l'environnement suivant des procédures, comme monter à bicyclette par exemple. Cette mémoire est résistante au passage du temps ce qui implique que les aînés peuvent continuer d'apprendre de nouvelles habiletés qui font appel à la mémoire procédurale.

Trois processus sont à l'œuvre dans la mémoire à long terme : l'encodage, le stockage et la récupération.

L'encodage correspond à la phase d'acquisition de l'information. C'est le processus qui transforme un événement ou un fait en une trace mnésique. À ce niveau, plus le traitement de l'information est approfondi, c'est-à-dire relié à l'attribution d'un sens plutôt qu'à la simple sonorité des mots, plus le souvenir en sera bon. Par exemple, une des meilleures façons d'encoder l'information pour en favoriser le souvenir est de la relier à des catégories déjà existantes et significatives dans la mémoire. Ainsi, le nom d'une personne se retient mieux si on l'associe avec la parenté déjà inscrite dans sa mémoire.

Le stockage de l'information correspond à la période de temps pendant laquelle l'information demeure en mémoire. La plupart des chercheurs s'entendent pour dire que l'information gardée dans la mémoire à long terme peut y demeurer toute la vie et que sa perte, au sens propre du terme, se produit lorsqu'il y a atteinte physique du cerveau.

La récupération constitue le processus de réactivation de l'information dans la mémoire à court terme. Il y a deux façons de récupérer l'information : la reconnaissance et le rappel. Avec la reconnaissance, le soutien de l'environnement est maximal, le stimulus est présent parmi d'autres ou suggéré, et il s'agit de choisir avec l'aide d'un indice. Le rappel est un mécanisme qui présente plus de difficulté car il agit sans aide, sans indice.

De nombreuses études ont démontré que la personne âgée peut avoir des difficultés au niveau de la mémoire à long terme, spécialement aux étapes de l'encodage et de la récupération.

En ce qui concerne l'encodage, plusieurs études démontrent que les adultes âgés laissés à eux-mêmes utilisent un traitement superficiel des données plutôt qu'un traitement approfondi (basé sur le sens). Ils ont aussi tendance à ne pas organiser de manière efficace l'information à apprendre (Craik et Rabinowitz, 1984). Cependant, les personnes âgées efficaces s'avèrent capables de mettre en place des stratégies de mémorisation lorsqu'elles ont de l'aide pour le faire.

Pour ce qui est de la récupération, c'est le rappel libre qui est le plus touché. Lorsque des indices sont fournis, la performance des sujets âgés en bénéficie. Pour le rappel avec reconnaissance, c'est-à-dire lorsqu'on fournit des supports à la mémoire, des précisions sur les lieux, les dates, des indications sur l'événement à se rappeler, des photos, etc., la mémoire des gens âgés semble moins touchée.

Depuis quelques années des chercheurs explorent un nouvel aspect de la mémoire : l'habileté à se rappeler les tâches à effectuer dans le futur. C'est la mémoire prospective. Elle se manifeste beaucoup dans la vie quotidienne, quand il s'agit, par exemple, de se rappeler d'aller à un rendez-vous, de prendre un médicament, de faire un appel téléphonique. Harris et Morris (1984) émettent l'hypothèse que l'habileté de « se rappeler de se rappeler » décline avec l'âge, tandis que l'habileté à se souvenir du contenu de la tâche change peu avec le temps.

En résumé, la perte de mémoire est démontrable et fortement associée à l'âge et touche les trois étapes de la mémorisation : la mémoire sensorielle, la mémoire à court terme et la mémoire à long terme.

La capacité d'apprentissage

Les personnes âgées sont capables d'acquérir de nouvelles connaissances si elles sont placées dans des situations appropriées, c'est-à-dire des situations où le facteur temps n'est pas primordial. Elles prennent plus de temps à saisir les informations nouvelles et se laissent plus facilement distraire lorsqu'elles doivent faire un choix parmi les éléments à retenir. Dans la plupart des cas, le facteur important, pour la réussite des apprentissages, est la motivation (Berger et Mailloux-Poirier, 1993).

Selon Phaneuf (1988), les moyens pour favoriser l'apprentissage chez les personnes âgées sont les suivants :

1. Tenir compte des limites physiques et intellectuelles des personnes âgées ;
2. Respecter leur rythme ;
3. Leur proposer des séquences courtes ;
4. Adopter un vocabulaire simple ;
5. Éviter de leur faire retenir des choses non essentielles ;
6. Soutenir leurs efforts ;
7. Ne pas hésiter à répéter ;
8. Être aussi concret que possible ;
9. Utiliser du matériel, comme des objets qui se manipulent, des photos, des films, des dépliants.

En conclusion, les personnes âgées sont capables d'apprendre de nouvelles choses. Elles apprennent mieux si la matière est présentée lentement, en détail et sur une période de temps prolongée, entrecoupée de pauses. Il faut aussi tenir compte de leurs apprentissages et de leurs connaissances antérieures.

La résolution des problèmes

Les recherches actuelles tendent à démontrer que les personnes âgées réussissent moins bien que les personnes plus jeunes à résoudre des problèmes à cause de leur difficulté à organiser et à intégrer les données (Berger et Mailloux-Poirier, 1993). Quand la situation à résoudre devient complexe, la décision est plus difficile à prendre et les aînés ont de la difficulté à se défaire de stratégies déjà utilisées pour en apprendre des nouvelles. La prudence, ici, entre beaucoup en ligne de compte.

Cependant, les personnes âgées semblent supérieures aux jeunes quant au champ de connaissances pratiques, à la coordination des faits et des idées, ainsi qu'à l'expérience de vie et à la sagesse. Elles sont aussi capables d'utiliser leur autorité pour faire avancer les choses et faire valoir leur jugement dans des situations de problèmes quotidiens.

En réalité, on peut dire qu'il n'y a pas de limite d'âge pour la créativité et que celle-ci n'est pas réservée qu'à une élite. Cependant, certaines recherches suggèrent que le potentiel de créativité atteint son maximum à 30 ou 40 ans dans le domaine des sciences pures, alors que, pour les arts, la littérature, l'histoire ou la philosophie, il se situe autour de 60 ans. Il faut cependant tenir compte de ce que les recherches ont surtout porté sur la quantité d'œuvres produites. D'ailleurs, les Picasso, Verdi, Churchill, Haendel et, plus près de nous, Gratien Gélinas, Félix Leclerc, Jean-Paul Lemieux montrent bien que la créativité peut s'exercer jusqu'à un âge avancé. Des facteurs tels la santé, la motivation, le style de vie, l'environnement social et l'énergie peuvent influencer le maintien de la créativité (Berger et Mailloux-Poirier, 1993).

Les dynamismes du vieillissement

Leclerc et Proulx (1984) ont défini les dynamismes comme étant des capacités durables à agir et à réagir sur les plans biologique, psychologique ou psychosocial, contribuant ou pouvant contribuer au maintien de l'autonomie et à l'épanouissement de la personne. Les chercheurs se sont demandé s'il n'existait pas des dynamismes qui se maintiennent avec l'âge ou même s'améliorent à mesure que l'on vieillit. Ces dynamismes ne se retrouveraient pas tous chez toutes les personnes âgées mais les chercheurs font l'hypothèse que cela pourrait devenir possible dans certaines conditions.

La personne qui vieillit normalement conserve jusqu'à un âge avancé la capacité de s'adonner à des activités physiques multiples et variées, tels la marche, la danse, la natation et certains travaux manuels. Plus cette capacité est exercée, plus elle se maintient longtemps. Des recherches ont démontré que la mobilité physique est un des facteurs de longévité.

Le fonctionnement intellectuel d'une personne âgée demeure le même avec le vieillissement, malgré le déclin psychomoteur et sensoriel. La capacité d'apprendre, d'évoluer et de changer varie davantage en fonction de la personnalité qu'en fonction de l'âge.

Une recherche sur l'« entraînement à la stratégie cognitive » (Labouvie, Vief et Gonda, 1976) révèle qu'il est possible d'augmenter la performance d'une personne âgée de manière significative, tant dans la façon que dans la vitesse d'accomplissement des tâches intellectuelles.

Une série d'études rapportées par Hulicka (1977) rappelle que, si la mémoire diminue avec l'âge, cette diminution n'est pas toujours aussi importante qu'on le croit et que la somme des choses que l'on retient dépasse l'ensemble de celles que l'on oublie.

Un autre dynamisme important qui a été mis en évidence est la capacité d'adaptation des personnes âgées. Celles-ci ont ce qu'il faut pour s'adapter au changement et maximiser le côté positif dans leur vie. Ce pourrait bien être leur dynamisme le plus évident. Les auteurs suggèrent que la capacité d'adaptation des aînés serait plus grande que celle des jeunes.

La capacité de créer de nouvelles relations significatives, celle de s'engager dans une cause donnée et celle d'évoluer avec la société se maintiennent si elles étaient déjà présentes antérieurement et continuent d'être exercées.

Selon Leclerc et Proulx (1984), d'autres dynamismes ont pu être identifiés par la recherche. Parmi eux, il faut retenir la sexualité, sans toutefois l'entendre du point de vue étroit de génitalité, mais au sens plus large de capacité de vivre des relations chaleureuses et affectives avec l'autre sexe, de manifester sa tendresse sans qu'il y ait nécessairement de relations sexuelles proprement dites.

Les dynamismes qui s'améliorent avec l'âge sont la capacité de donner un sens global à sa vie, la sagesse (philosophie de vie permettant un regard plus réaliste, tolérant et serein sur soi et sur le monde), l'intériorisation, la capacité d'être heureux et de demeurer optimiste devant la vie et le sentiment de liberté devant les conventions sociales.

Enfin, les personnes âgées ont tendance à vivre davantage au présent, à s'accepter mieux et à démontrer du courage dans les situations difficiles.

Cette recherche de Leclerc et Proulx (1984) nous amène directement à percevoir la vieillesse comme étant une étape de croissance psychologique, malgré les inévitables déclins amenés par le processus de vieillissement. Les dynamismes qui se maintiennent avec l'âge et surtout ceux qui s'améliorent avec le passage du temps nous rappellent que l'être humain ne cesse de tendre vers un développement maximal de ses potentialités, malgré les limites imposées par le déclin corporel. Si vieillir comporte une adaptation aux pertes physiques, c'est le défi de la continuité d'une évolution plus intérieure qui est aussi posé. Comment cheminer vers la sagesse ?

Quels sont les apprentissages réalisés dans ce chapitre ?

Que saviez-vous déjà ?

Quelles questions demeurent ?

Y a-t-il une personne âgée que vous comprenez mieux à la suite de la lecture de ce chapitre ?

Références

ALLPORT, G.W. (1937). *Personality : A Psychological Interpretation.* New York, Henry Holt and Company.

ARENBERG, D. (1973). « Cognition and aging : Verbal learning, memory, problem solving and aging », dans C. EISDORFER et M.P. LAWTON (éd.), *The Psychology of Adult Development and Aging.* Washington (D.C.), American Psychological Association.

BALTES, P. B. (1993). « The aging mind : Potential and limits », *The Gerontologist,* 33, p. 580-594.

BALTES, P.B. et W. SCHAIE (1974). « Aging and IQ : The myth of the twilight years », dans *Psychology Today,* 7, 3540.

BELLEVILLE, S. (1999). « Comprendre et optimaliser la mémoire dans le vieillissement », *Le Gérontophile,* 22, 2.

BERGER, L. et D. MAILLOUX-POIRIER (1993). *Personnes âgées : une approche globale.* Montréal, Études vivantes.

BERG, S. (1987). « Intelligence and terminal decline », dans G.L. MADDOX et E.W. BUSSE (éd.), *Aging: The Universal Human Experience.* New York, Springer Publishing Company.

BINET, A. et T. SIMON (1905). « Méthodes nouvelles pour le diagnostic du niveau intellectuel des anormaux », *L'année psychologique,* 11, p. 191-244.

BIRKHILL, W.R. et K.W. SCHAIE (1975). « The effect of differential reinforcement of cautiousness in intellectual performance among elderly », *Journal of Gerontology,* 30, p. 578-583.

BIRREN, J.E., R.N. BUTLER, S.W. GREENHOUSE, M. YARROW, et L. SOLOKOFF (éd.) (1963). *Human Aging 1.* Washington (D.C.), Department of Health, Education and Welfare.

BOTWINICK, J. (1966). « Cautiousness in advanced age », *Journal of Gerontology,* 21, p. 347-353.

CATTELL, R.B. (1963). « Theory of fluid and crystallized intelligence : A critical experiment », *Journal of Educational Psychology,* 54, p. 1-22.

COSTA, P.T. Jr. et R.R. McCRAE (1987). « Validation of the five-factor model of personality across instruments and observers », *Journal of Personality and Social Psychology,* 52, p. 81-90.

COSTA, P.T. Jr. et R.R. McCRAE (1988). « Personality in adulthood : A six-year longitudinal study of self-reports and spouse ratings on the NE0 personality inventory », *Journal of Personality and Social Psychology,* 54, p. 853-863.

COSTA, P.T. Jr. et R.R. McCRAE (1989). « Personality continuity and the changes of adult life », dans M. STORANDT (éd.) et G.R. VANDENBOS, *The Adult Years : Continuity and Change.* Washington (D.C.), American Psychological Association.

COSTA, P.T. Jr. et R.R. McCRAE (1990). *Personality in Adulthood.* New York, The Guilford Press.

CRAIK, F.I.M. (1977). « Age differences in human memory », dans J.E. BIRREN et K.W. SCHAIE (éd.) *Handbook of the Psychology of Aging.* New York, Van Nostrand Reinhold Co.

CRAIK, F.I.M. et J.C. RABINOWITZ (1984). « Age differences in the acquisition and use of verbal information : A tutorial review », dans H. BOUMA et D.G. BOUWHUIS (éd.) *Attention and Performance, Vol. X : Control of Language Process*. Hillsdale (NJ.), Lawrence Erlbaum.

CRAIK, F.I.M. (1986). « A functional account of age differences in memory », dans F. KLIX et H. HAGENDORF (éd.), *Human Learning and Cognitive Capabilities, Mechanisms and Performance*. Amsterdam, North-Holland.

ELIAS, M.F., P.K. ELIAS et J.W. ELIAS (1977). *Basic Processes in Adult Developmental Psychology*. Saint Louis, The CV Mosby Company.

ERIKSON, E.H. (1950). *Childhood and Society*. New York, Norton.

FREUND, A. et P. B. BALTES (2003). « Pour un développement et un vieillissement réussis : sélection, optimisation et compensation », *Revue québécoise de psychologie*, 24, 3.

GRANNICK, S. et R.D. PATTERSON (éd.) (1991). *Human Aging ZZ*. Washington (D.C.), Department of Health, Education and Welfare.

GROSS *et al.* (1997). « Emotion and aging : Experience, expression and control », *Psychology and Aging*, 12, p. 590-599.

HERTZOG, C. *et al.* (1978). « Cardiovascular disease and changes in intellectual functioning from middle to old age », *Journal of Gerontology*, 33, p. 872-883.

HÉTU, J.-L. (1988). *Psychologie du vieillissement*. Montréal, Méridien.

HORN, J.L. (1970). « Organization of data on life span development of human abilities », dans L.R. GOULET et P.B. BALTES (éd.) *Life Span Developmental Psychology*. New York, Academic Press.

HORN, J. et G. DONALDSON (1977). « Faith is not enough : A response to the Baltes-Schaie claim that intelligence does not wane », *America Psychologist*, 32, p. 369-373.

HULICKA, I.M. (1977). *Empirical Studies in the Psychology and Sociology of Aging*. New York, Thomas and Cromwell.

HUYCK, M. et W. HOYER (1982). *Adult Development and Aging*. California, Wadsworth Publishing Company.

JUNG, C.G. (1933). *Modem Man in Search of a Soul*. New York, Harcourt Brace Jovanovich.

KOGAN, N. (1990). « Personality and aging », dans J.E. BIRREN et K.W. SCHAIE (éd.) *Handbook of the Psychology of Aging*. San Diego (Cal.), Academic Press.

LABOUVIE, G. VIEF et J.N. GONDA (1976). « Cognitive Strategy Training and Intellectual Performance », *Journal of Gerontology*, 31, p. 327-332.

LECLERC, G. et J. PROULX (1984). « Les dynamismes positifs du vieillissement », *Actes du colloque de l'Association québécoise de gérontologie*. Hull.

MISHARA, B.L. et R.G. RIEDEL (1994). *Le vieillissement*. Paris, PUF.

NEUGARTEN, B.L., RJ. HAVINGHURST et S.S. TOBIN (1968). « Personality and patterns of aging », dans B.L. NEUGARTEN (éd.) *Middle Age and Aging*. Chicago, University of Chicago Press.

PAPALIA, D.E. et S.W. OLDS (2005). *Psychologie du développement humain*. Laval, Beauchemin.

PHANEUF, M. (1988). Dans L. RIOPELLE, L. GRONDIN et M. PHANEUF, *Soins infirmiers : enseignement à la clientèle*. Montréal, McGraw-Hill.

REICHARD, S., F. LEVINSON et P.G. PETERSEN (1962). *Aging and Personality*. New York, John Wiley.

RIEGEL, K.F. et R.M. RIEGEL (1972). « Development, drop and death », *Developmental Psychology*, 6, p. 306-319.

SCHAIE, W. (1974). « Translations in Gerontology – From Lab to Life, Intellectual Functioning », *American Psychologist*, p. 802-807.

SCHAIE, K.W. (1989). « The optimization of cognitive functioning in old age : Predictions based on cohort-sequential and longitudinal data », dans P.B. BALTES et M.M. BALTES (éd.) *Successfull Aging : Perspectives from the Behavioral Sciences*. Londres, Cambridge University Press.

SHEEHY, G. (1976). *Passages : Predictable Crises of Adult Life*. New York, Dutton.

TERMAN, L.M. (1921). « Intelligence and measurement : A symposium », *Journal of Educational Psychology*, 12,128.

WECHSLER, D. (1958). *The Measurement and Appraisal of Adult Intelligence*. Baltimore, Williams et Wilkins.

WEIFFENBACH, J.M. (1984). « Taste and smell perception in aging », *Gerontology*, 3, p. 137-146.

Chapitre 4
LA VIEILLESSE : UNE ÉTAPE DE CROISSANCE

L'esprit de l'univers ne nous enferme ni ne nous lie ;
À chaque étape il nous libère, nous fait plus grands.
Hermann Hesse, *Éloge de la vieillesse*

Pour bien comprendre la vieillesse et bien la situer en tant qu'étape de croissance, malgré le déclin physique qui la caractérise, il convient de tracer le portrait de l'ensemble des étapes qui façonnent l'être humain. En effet, la vieillesse étant définie comme le sommet d'une évolution psychologique qui débute à la naissance et se termine à la mort de la personne, cette étape représente la synthèse de toute une vie et doit être placée dans une perspective de continuité. « Il a vieilli comme il a vécu », dit l'adage. La vieillesse est le point d'arrivée d'un cheminement jalonné de différents défis de croissance. Elle comporte cependant, comme nous le constaterons, ses propres défis et ses invitations à la transcendance.

Début de la démarche

Dans quelle saison de la vie vous situez-vous ? L'âge adulte, l'âge mûr (45-60 ans) ou la vieillesse ?

Notez les changements psychologiques vécus pendant les trois dernières années.

Vous sentez-vous en période de changement ou dans un état de stabilité ?

Quels apprentissages de vie avez-vous réalisés durant ces trois années ? Quels défis avez-vous relevés et surmontés ?

Faire le point sur votre propre situation de croissance humaine vous aidera à comprendre les réalités expliquées dans ce chapitre.

La croissance humaine

Le cycle de la vie humaine est divisé en quatre grandes saisons : l'*enfance*, l'*adolescence*, l'*âge adulte* et la *vieillesse*. Chacune de ces époques est subdivisée en étapes ou en stades qui rendent compte d'un processus qualitatif par lequel la croissance humaine se réalise à différents niveaux par un ensemble d'apprentissages psychosexuels, psychosociaux, psychomoteurs, intellectuels ou moraux. Dans cette perspective, dite « développementale », différents chercheurs ont tenté de construire une théorie voulant que l'humain évolue selon certains stades, que l'on peut prédire et qui s'emboîtent les uns dans les autres, la réussite du premier influençant celle des suivants. Des stades jalonnés de défis à relever, de crises à résoudre ou de tâches psychologiques à accomplir. Cette théorie est enrichie des pensées de Freud, sur les stades psychosexuels, d'Erikson, sur les stades psychosociaux, de Piaget, sur les stades de développement intellectuel, et, en ce qui concerne la vie adulte, d'Havighurst sur les tâches développementales et de Levinson et Gould, avec leurs différentes théories.

Tableau 3

SYNTHÈSE DES APPROCHES PAR STADES

Âge	Freud	Ekikson	Piaget	Havighurst	Newman et Newman	Levinson	Gould
	Stades psycho sexuels	Stades psycho-sociaux	Stades intellectuels	Tâches développe-mentales	Tâches développe-mentales	Stades	Stades
0-18 mois	• Oral	• Confiance ou méfiance	• Sensori-moteur	• Apprendre à marcher • Apprendre à manger • Apprendre à parler	• Attachement social • Maturation des fonctions motrices		
18 m.-3 ans	• Anal	• Autonomie ou doute	• Préopératoire	• Apprendre à maîtriser ses sphincters	• Contrôle de soi • Développement du langage		
3-6 ans	• Phallique	• Initiative ou culpabilité	• Préopératoire	• Apprendre les différences sexuelles • Apprendre à distinguer le bien du mal	• Identification • Développement mental moral		
6-12 ans	• Stade de latence	• Compé-tence ou infériorité	• Opératoire concret	• Apprendre à s'entendre avec ses camarades • Apprendre un rôle social féminin ou masculin	• Amitié • Autoévaluation • Apprentissage d'habiletés		

Âge	Freud	Ekikson	Piaget	Havighurst	Newman et Newman	Levinson	Gould
6-12 ans (suite)				• Acquérir des habiletés fondamentales (écriture, calcul, lecture, vie quotidienne)			
12-18 ans	• Génital	• Identité ou confusion	• Opératoire formel	• Établir des relations hétérosexuelles • Accepter son corps et l'utiliser efficacement • Acquérir un rôle masculin ou féminin • Acquérir une indépendance affective envers les parents • Se préparer à une carrière • Acquérir des valeurs	• Croissance physique • Appartenance à un groupe • Relations hétérosexuelles		
18-22 ans		• Intimité ou isolement (18-40 ans)		• Choisir un partenaire • Apprendre à vivre avec un conjoint • Fonder une famille • Élever des enfants • Diriger un foyer • Commencer une carrière • Prendre des responsabilités de citoyen • Trouver un groupe d'appartenance (début de l'âge adulte)	• Autonomie par rapport aux parents • Identité sexuelle • Intériorisation des valeurs • Choix de carrière	• Transition jeunesse-âge adulte	• Quitter le monde de ses parents (17-22 ans)
22-28 ans					• Mariage ou autre • Naissance des enfants • Travail • Style de vie (23-30 ans)	• Entrée dans le monde adulte	• Ne plus être l'enfant de personne

Âge	Freud	Ekikson	Piaget	Havighurst	Newman et Newman	Levinson	Gould
28-33 ans					• Gérance de la maison • Éducation des enfants	• Transition de la trentaine	• S'ouvrir à ce qu'il y a à l'intérieur de soi
33-40 ans					• Gérance de la carrière (31-50 ans)	• Phase d'établissement	• Décennie du milieu de la vie (45 et plus)
40-60 ans		• Générativité ou stagnation		• Aider ses enfants adolescents à devenir des adultes • Prendre des responsabilités civiques • Entrer en relations avec son conjoint comme personne • Accepter le vieillissement • S'adapter à ses parents âgés	• Choix de nouveaux rôles • Acceptation de l'unique vie • Développer une conception de la mort (51 ans et plus)		
60 ans et plus	• Intégrité ou désespoir			• S'adapter à la diminution de sa force et de sa santé physique • S'adapter à la retraite et à la baisse de revenus • S'adapter à la mort du conjoint • Établir des rapports avec les membres de son groupe • Adopter des rôles sociaux de manière flexible • Établir des conditions de vie matérielle satisfaisantes			

Il s'agit donc de réfléchir sur la croissance humaine dans la perspective privilégiée du cycle de vie et celle du développement psychosocial. Dans la théorie psychosociale d'Erikson, le développement humain est le résultat de l'interaction entre les besoins et habiletés psychologiques de la personne et les attentes et demandes de la société représentée à chaque stade par des personnes significatives (mère et père, la famille, les amis, l'école, etc.).

Cette théorie couvre tout le cycle de vie, de l'enfance à la vieillesse. Elle suppose que, malgré les influences biologiques et environnementales, la personne a la capacité de contribuer à sa propre croissance psychologique, en intégrant, organisant et conceptualisant ses expériences de manière à se protéger et à diriger le cours de son développement. La théorie psychosociale prend aussi en compte la contribution de la culture dans l'évolution de la croissance, chaque société transmettant ses valeurs et attitudes dans des domaines donnés du développement.

Les principaux chercheurs dont les travaux serviront de base à notre étude du cycle de vie jusqu'à la vieillesse seront Erikson (1950), sur les huit stades psychosociaux, ainsi que Newman et Newman (1987), sur les tâches « développementales » du cycle de vie. Pour la partie concernant l'âge adulte, l'âge mûr et la vieillesse, d'autres auteurs viendront s'ajouter et compléter nos connaissances.

Pour bien comprendre le modèle d'Erikson, d'abord, puis celui des tâches développementales d'Havighurst, il importe de définir certains concepts.

Le développement de la personne, encore une fois, résulte de l'interaction des composantes psychiques, biologiques et physiologiques avec des composantes externes, relatives à la société. Ainsi, un enfant de deux ans qui a acquis une certaine « maturité » au niveau du système nerveux et locomoteur sera mû par le besoin d'explorer son environnement. Cette interaction avec son milieu, représenté par des personnes significatives, père et mère par exemple, lui permettra de vivre des expériences positives ou négatives qui affecteront son développement. En intégrant ces expériences, l'enfant de deux ans se construira une certaine autonomie, qui dépendra de ses habiletés et de l'encouragement de son milieu.

Ce développement procède par *stades* qualitativement différents les uns des autres et ordonnés selon un plan, chaque stade étant préalable au suivant, selon un modèle qualifié d'*épigénétique* et chacun étant une version améliorée du précédent.

Un stade est fondé sur un *enjeu* « développemental » entre le soi et le milieu et aboutit à une crise de développement définie comme étant un tournant nécessaire, une période cruciale de vulnérabilité accrue et de potentialités accentuées (Erikson, 1972). L'enjeu se réalise par des *polarités*, un pôle positif et un pôle négatif suscitant une tension créatrice. Chaque personne résout la crise d'une manière unique et personnelle.

Les enjeux ne sont pas déterminés une fois pour toutes par la résolution d'une crise mais demeurent actifs au cours de tous les stades. Cependant, ils sont proéminents durant un stade donné. Par exemple, l'autonomie est un enjeu de développement qui prédomine chez l'enfant de 2 à 4 ans. Cependant, l'autonomie continue de progresser, selon les expériences de la personne, durant toute la vie.

Les « *tâches développementales* » ont été élaborées par Havighurst (1972) et définies comme étant un ensemble d'apprentissages à faire, d'habiletés et de compétence à acquérir à différentes étapes du développement. La réalisation satisfaisante d'un ensemble de tâches à un stade donné permet la réalisation satisfaisante des tâches du prochain stade.

Voyons maintenant chacune des quatre saisons de la vie, avec ses particularités, ses défis « développementaux » qui, en nous construisant pas à pas, nous amènent inéluctablement vers la vieillesse.

L'enfance

Cette étape se divisera en quatre stades : la petite enfance (0-2 ans), l'enfance (2-4 ans), l'âge préscolaire (4-6 ans) et l'âge scolaire (6-12 ans).

La petite enfance (0-2 ans)

Selon Piaget, sur le plan cognitif, c'est la première étape du développement intellectuel. C'est l'élaboration d'ensemble de mouvements et d'expériences sensorielles que l'enfant vit en association avec des événements spécifiques de son environnement. La capacité de prévoir que certaines actions auront certains effets sur les objets de l'environnement se développe. L'enfant met en place différentes stratégies de manipulation des objets pour atteindre un but spécifique. Durant le neuvième ou le dixième mois, l'enfant réalise que les objets de l'environnement sont permanents et continuent d'exister même quand ils sont hors de sa vue. C'est une étape importante de la formation de l'image de la réalité appelée permanence de l'objet.

La vision, l'audition, le goût, l'odorat et le toucher sont en pleine expansion, tandis que le contrôle des muscles et la coordination des mouvements se développent par l'exploration de l'environnement.

L'expression des émotions comme la peur, la détresse, l'excitation, la joie et la colère est centrale dans la dynamique de la communication entre l'enfant et sa mère ou son père. L'enfant apprend à distinguer graduellement ces émotions dans les deux premières années de sa vie.

Selon Newman et Newman (1987), l'attachement social est le processus par lequel l'enfant développe des liens spécifiques et positifs avec les autres, spécialement sa mère, son père et toute personne qui lui prodigue des soins. L'évidence que ce lien positif est créé, c'est que l'enfant tend à maintenir un contact avec la personne, démontre de la détresse quand celle-ci s'absente et est plus calme et à l'aise avec elle qu'avec toute autre personne.

Pour sa part, Erikson parle d'un stade qui recouvre la première année de vie. La dimension psychosociale qui émerge est celle de la confiance de base ou de la méfiance. À travers la relation de dépendance créée par les soins qu'il reçoit, l'enfant apprend, par la régularité et la qualité des réponses à ses besoins, la confiance en lui-même dans les autres et dans le monde. Il peut aussi apprendre que l'environnement lui est hostile et développer une méfiance fondamentale. Tout n'est cependant pas joué à cette étape, car la confiance fondamentale peut se développer plus tard, de même qu'elle pourra aussi être ébranlée par des événements survenant ultérieurement.

Le développement de l'attachement à quelqu'un de significatif et l'émergence de la confiance dans la vie, en soi et dans les autres constituent des éléments importants de la croissance à l'étape de la petite enfance.

L'enfance (2-4 ans)

C'est l'étape où l'enfant apprend à communiquer. Le développement du langage suit différentes étapes, allant de la vocalisation (12 semaines) à l'établissement d'un langage ressemblant à celui de l'adulte (4 ans). Le développement de l'imagination augmente les possibilités et la richesse du symbolisme. Le jeu devient un mode d'expression complémentaire au langage. L'enfance est aussi au stade du perfectionnement de la locomotion et de la marche.

Toutes ces composantes augmentent l'autonomie et le sentiment de maîtrise de soi et de l'environnement. La maîtrise de soi se définit de plusieurs façons : elle signifie répondre à une demande, modifier un comportement selon la situation, reporter une action (le délai) et se comporter d'une manière acceptable. L'enfant apprend à contrôler ses impulsions, à tempérer ses frustrations et à attendre avant d'obtenir une récompense ou un plaisir.

Selon Erikson, si les parents valorisent leur enfant dans sa manière de faire quelque chose à son rythme, celui-ci acquerra un sentiment d'autonomie, développera sa capacité de se prendre en charge lui-même Si, au contraire, l'enfant se sent bousculé ou dévalorisé, il ne sera pas sûr de ses habiletés et développera un sentiment de honte et de doute, ainsi qu'une dépendance à l'égard des autres.

Cette étape pose les bases de l'apprentissage de la maîtrise de soi et de la prise en charge de toutes les dimensions de la personne. L'actualisation du potentiel d'autonomie se poursuivra cependant durant toute la vie.

L'âge préscolaire (4-6 ans)

L'identification est le processus par lequel l'enfant développe sa composante sexuelle principale. Être homme ou être femme suppose d'abord la connaissance et l'utilisation du bon genre (féminin ou masculin). En deuxième lieu, l'enfant apprend les normes reliées aux deux sexes, les attentes parentales concernant la façon d'être fille ou garçon. Puis, l'enfant s'identifie ou incorpore les valeurs, les manières de faire, les attitudes de ses parents. C'est un processus de socialisation important. En dernier lieu, l'enfant développe une préférence personnelle pour les activités ou les attitudes associées aux rôles sexuels féminins ou masculins.

L'âge préscolaire est aussi l'époque du développement moral, qui suppose l'intégration graduelle des normes et valeurs parentales et, plus tard, des normes et valeurs sociales proposées par l'école et les autres groupes sociaux où l'enfant aura des contacts.

Les jeux de groupe intéressent aussi l'enfant et lui permettent, par leurs structures et leurs lois, l'apprentissage d'une certaine coopération avec ses pairs et la pratique des changements de rôles.

Ce troisième stade, selon Erikson, est rempli des initiatives de l'enfant. S'il est soutenu dans ses choix pour faire des activités, raconter des histoires, inventer des jeux, poser des questions, être garçon ou fille, jouer des rôles, son sentiment d'initiative sera plus fort. Sinon, c'est le sentiment de culpabilité, causé par l'impression de ne pas correspondre aux attentes, qui se développera.

Apprendre la vie au masculin et au féminin, devenir un être de projets et grandir dans la perspective que vivre, c'est inventer et renouveler son quotidien, voilà autant de pistes de croissance qui pourront être suivies jusqu'à un âge avancé.

L'âge scolaire (6-12 ans)

Par l'amitié et la coopération, l'enfant apprend la vie en groupe, les normes et les exigences de la vie avec ses pairs. Il découvre des visions différentes de la sienne et développe l'intimité et l'amitié avec les enfants du même sexe. L'enfant apprend par les jeux d'équipe la subordination de ses buts personnels à ceux d'un groupe, la division du travail et la compétition.

Les enfants de cet âge sont préoccupés par le processus d'autoévaluation. Ils essaient de composer avec leurs buts et le niveau d'accomplissement qu'ils veulent atteindre. Ils reçoivent des messages de leur environnement au sujet de leur manière de faire les choses. Ils deviennent capables de distinguer leurs champs de compétence et d'évaluer leur efficacité dans divers domaines cognitifs, physiques et sociaux.

L'âge scolaire est l'époque de l'acquisition d'une multitude d'habiletés intellectuelles, artistiques et athlétiques. Selon que l'enfant est valorisé ou non dans le développement de ses différentes habiletés, le sentiment de compétence ou celui d'infériorité sera prédominent. C'est le quatrième stade selon Erikson.

Le sentiment d'efficacité nous suit toute notre vie. Dans les moments difficiles, durant les périodes d'incertitude, il nous rassure et nous sert de point d'appui pour continuer nos réalisations. C'est lui qui nous permet de poursuivre une entreprise qui n'offre pas de résultats immédiats.

L'adolescence

L'adolescence, selon Newman et Newman (1987), se diviserait en deux stades : l'adolescence proprement dite (12-18 ans) et la postadolescence (18-22 ans).

L'adolescence proprement dite (12-18 ans)

L'adolescence proprement dite est associée à une rapide croissance physique, à la maturation du système de reproduction et à l'apparition des caractères sexuels secondaires.

La pensée se développe et devient plus abstraite, générant des hypothèses sur le monde et les événements d'une manière nouvelle et plus logique.

Le groupe devient très important, à l'adolescence, et procure des occasions d'intimité de soutien, de compréhension, de camaraderie et de plaisir. Le choix d'un groupe et l'acceptation par celui-ci, constituent une tâche importante de l'adolescence.

Les relations avec l'autre sexe prennent de l'importance à cause des attentes sociales et de la nouvelle maturité sexuelle.

C'est l'étape de la quête de l'identité, de l'affirmation de soi, souvent par la révolte et le refus des valeurs parentales. Cette recherche de soi-même se vit souvent à travers le groupe, qui aide l'adolescent à se sentir plus solide et à expérimenter des aspects inconnus de lui-même Cette quête de l'identité se raffinera à l'étape suivante.

La postadolescence (18-22 ans)

La postadolescence est une étape de croissance où deux aspects principaux continuent de se développer : l'autonomie et l'identité.

Selon Chickering (1969), le développement de l'autonomie chez le jeune se fait selon trois composantes : l'indépendance affective, l'indépendance instrumentale et l'interdépendance.

La première forme d'autonomie consiste à être libre du besoin continuel d'être rassuré, de recevoir des témoignages d'affection et d'approbation des parents. Le développement de cette forme d'autonomie commence par l'affranchissement de soi, et peut-être même la révolte face aux parents et à toutes les autres formes d'autorité. La maturité, dans cette composante, apparaît quand des relations de respect et de serviabilité sont établies avec les parents de manière à vivre des rapports mutuellement satisfaisants.

L'indépendance instrumentale se manifeste dans l'habileté à poursuivre des activités personnelles et à résoudre des problèmes sans chercher d'aide, à être autosuffisant. C'est la manifestation de la confiance en sa capacité soutenue de mener à bien la plupart des activités de sa vie.

La conquête de l'autonomie se termine par la reconnaissance du fait qu'aimer et être aimé sont deux besoins complémentaires et que l'on ne peut recevoir de la société et des parents sans donner à son tour.

Plusieurs chercheurs font de la quête d'identité un événement majeur du développement à cet âge. L'identité personnelle consiste à répondre de façon satisfaisante à la question : qui suis-je ? Le jeune a alors découvert son rythme propre, possède une certaine représentation intérieure de lui-même, a intégré des croyances, des valeurs, des modes de vie, des comportements qu'il reconnaît comme siens, il a clarifié ses aspirations et ses attentes concernant ses besoins physiques, ses forces, ses sentiments et sa manière de vivre sa sexualité.

Selon Erikson (1972), l'identité est le sentiment subjectif et tonique d'une unité et d'une continuité personnelles. Le sentiment optimal d'identité est vécu comme un bien-être psychosocial : c'est le sentiment d'être chez soi dans son corps et de savoir où l'on va, c'est l'assurance intérieure qu'on sera reconnu par ceux qui comptent sur soi.

C'est à la fin de l'adolescence que s'assemblent tous les éléments qui composent l'identité. Cela ne se fait pas sans malaise, et l'on parle de « crise d'identité ». C'est donc une phase normale de conflits accrus, partagée entre deux pôles : identité clarifiée ou confusion d'identité.

La confusion se manifeste lorsque le jeune, n'ayant pas assuré son identité et découvert qui il est, s'engage dans des expériences qui exigent la connaissance de lui-même. L'intimité, la compétition ou l'activité professionnelle peuvent lui révéler sa confusion face à ce qu'il est.

Pour Gould (1978) il s'agit, dans cette phase de « quitter le monde de ses parents ». Le jeune, d'une manière concrète, laisse la maison familiale pour s'installer en appartement, souvent dans le but de poursuivre ses études. Ce geste d'autonomie n'est cependant que le signe extérieur d'une nouvelle affirmation de soi. Quitter le monde de ses parents, c'est aussi abandonner les modèles parentaux, défier leur vision du monde et leurs valeurs, et tenter de se forger une identité propre.

Pour entrer dans l'âge adulte, le grand adolescent traverse deux transformations majeures : il apprend qu'il est unique avec ce qu'il en coûte d'affirmation de soi et de combats, et il se découvre de plus en plus responsable de ses choix. La postadolescence est à la fois temps de grâce et d'incertitudes, temps de passage et de crise.

L'âge adulte

L'entrée dans le monde adulte

Selon Levinson (1978), la principale caractéristique de cette période est la coexistence de deux tâches contradictoires : explorer les possibilités de la vie adulte, éviter les engagements définitifs et, en même temps, se créer une structure de vie stable, être plus responsable, faire quelque chose de sa vie.

L'équilibre entre ces deux tâches est difficile à établir. Si la première domine, la vie aura une qualité temporaire et sans racines. Si la deuxième tâche domine, il y a danger de s'engager trop vite dans une structure de vie, avant d'avoir exploré les autres possibilités. Souvent le jeune adulte accomplit ces tâches seul et sans aide, ce qui rend cette étape angoissante et difficile.

Il y a différentes façons de vivre cette étape. Certains vont vivre une période toute d'exploration, sans engagements ou buts sérieux. Les changements de travail, de lieu de résidence, de relations amoureuses se succédant sans investissement sérieux de soi dans le monde. Quand la période se termine, le jeune ressent une pression interne et externe le poussant à mettre de l'ordre dans sa vie et à se fixer davantage.

À l'autre extrémité, le jeune prend des engagements sérieux et commence à se construire une structure de vie qu'il veut stable. À la fin de cette période, il commence à se poser des questions : Me suis-je engagé trop vite ? Est-ce que je vais maintenir cette vie pour toujours ?

Entre les deux extrêmes, il y a la stabilité de la relation amoureuse et l'instabilité dans le travail ou la stabilité de l'emploi et l'instabilité amoureuse. Les difficultés à vivre cette période sont souvent accentuées par des problèmes de récession économique ou des troubles émotifs personnels.

Pour Levinson (1978), cette période fait partie de la phase novice de la vie adulte et comporte quatre défis à relever. D'abord, se construire un rêve de vie et lui faire une place dans sa structure de vie, un rêve de vie étant une vision de soi, mi-illusion, mi-réaliste, en rapport avec le monde. Cette idée à atteindre suscite dynamisme et vitalité chez le jeune. Peu importe la nature du rêve, la tâche est de le mieux définir et de lui faire une place pour le réaliser. Levinson ajoute que ceux qui construisent autour de leur rêve de vie auront plus de chances de s'épanouir que ceux qui le refusent, soit à cause des contraintes parentales ou économiques, soit par manque de ténacité.

Un autre défi est d'établir une relation avec un mentor, c'est-à-dire un adulte plus âgé, qui exerce sur le jeune une influence importante. Le mentor conseille, aide le jeune à entrer dans le monde adulte, l'appuie, le soutient et l'aide à réaliser son idéal. Cette relation peut durer de deux à dix ans. Peu d'adultes ont un mentor après 40 ans. Ils deviennent plutôt eux-mêmes des mentors.

Élaborer une vie professionnelle, transformer des intérêts et des habiletés en une carrière ou une profession n'est pas un processus simple. C'est une autre tâche de cette étape. Une personne peut prendre plusieurs années pour atteindre une certaine stabilité dans son choix de travail ou de carrière.

Une autre tâche importante est de développer une relation amoureuse, se marier, fonder une famille. Ce qui suppose l'affection, l'intimité émotionnelle et sexuelle, le souci de l'autre, l'amitié, le respect, l'engagement. À cette tâche se joint celle d'accepter les responsabilités et les joies d'être parent et de développer les aspects masculin et féminin qui conviennent à ce rôle.

Erikson voit dans cette étape la réalisation d'une tâche de croissance importante: progresser dans l'intimité. Il définit l'intimité comme étant la capacité de considérer les besoins et les préoccupations d'une autre personne comme aussi importants que les siens propres. Il s'agit de se reconnaître dans les plus grands espoirs et les craintes les plus profondes d'une autre personne et d'accepter que le besoin d'intimité soit réciproque. L'intimité implique le partage et le souci l'un de l'autre. Elle englobe l'amitié, l'amour et même l'inspiration. C'est l'intimité avec soi et avec les autres.

L'isolement survient quand les sentiments ne peuvent être partagés, quand la personne se retrouve seule sans quelqu'un de qui se soucier et qui se soucie d'elle. Il existe de multiples formes d'isolement. Erikson parle d'isolement à deux. On pourrait aussi inclure l'isolement des personnes qui travaillent parmi les autres sans être vraiment avec eux.

Le cap de la trentaine

Durant ce passage, où la phase exploratoire de la vingtaine se termine, la personne ressent souvent le besoin de changer et de se créer une structure de vie plus satisfaisante. Cette période peut se vivre de deux manières: la transition se fait en douceur et les modifications de la façon de vivre s'effectuent sans perturbations majeures ou, au contraire, il y a crise, avec les sentiments de doute, de chaos et de perte d'orientation que cela entraîne (Levinson, 1978).

Cette période est suivie d'une étape où la personne ressent un besoin de stabilité sur tous les plans, qu'il s'agisse d'ancrer plus fermement sa vie familiale, d'avancer sur le plan professionnel et d'assumer davantage ses responsabilités comme adulte.

Au terme de cette étape, l'être humain a établi plus fermement son identité et a appris à vivre de son mieux avec une autre personne dans l'intimité. Bien des chemins s'ouvrent devant ses pas (la famille, la carrière, des réalisations de toutes sortes) et il est emporté par le tourbillon des activités et des occupations sans pouvoir s'arrêter pour faire le point sur sa vie. La maturité, l'apparition des premiers indices du vieillissement, la conscience du temps qui passe le conduiront peu à peu vers l'essentiel.

L'âge mûr (40-65 ans)

L'âge mûr constitue un prélude à la vieillesse. Déjà les premiers signes du vieillissement atteignent l'adulte et déclenchent des réactions émotives d'acceptation ou de rejet. L'évolution psychique traverse des phases importantes. Il se peut que l'univers intime de la personne soit un peu bouleversé. Par les choix qu'elle fera, elle préparera en quelque sorte le temps qui vient.

À partir de vos connaissances sur l'âge mûr et de votre expérience personnelle, analysez, les affirmations suivantes et répondez par vrai ou faux.

1. À cet âge, on ressent particulièrement le besoin de préparer les plus jeunes à prendre leur place dans la société. V F
2. Les changements du corps sont les plus évidents pour caractériser cette période de la vie. V F
3. La maladie et la mort deviennent, à cet âge, des réalités beaucoup plus senties personnellement. V F
4. Les personnes au mitan de la vie se réévaluent elles-mêmes, examinant leurs valeurs, le sens de leur vie, leurs réalisations professionnelles. V F
5. Beaucoup plus qu'avant, une personne réalise que le temps lui est compté, qu'elle ne pourra pas faire tout ce qu'elle se proposait de faire. V F
6. L'âge moyen se présente davantage comme un âge de crise que comme une étape de transition sereine. V F
7. À la suite d'une réévaluation, l'âge moyen est l'occasion d'un nouveau départ. V F
8. À l'âge mûr, la personne est dans la force de l'âge, en pleine possession de son art, de tous ses moyens. V F
9. À 20 ans, on rêve, tout est possible ; à 50 ans, on sait ce qui est possible et on connaît ses limites. V F
10. Un sentiment habituel, au mitan de la vie, est la déception : on est déçu des autres et de la vie en général. V F

11. À 50 ans, l'amour mutuel et l'amitié prennent le pas sur la sexualité. V F
12. Avec l'arrivée de l'âge mûr, la personne a de la difficulté à donner un sens à sa vie. V F
13. L'expérience acquise, au mitan de la vie, compense pour les pertes physiques et permet d'accomplir autant que les personnes plus jeunes. V F
14. À 50 ans, la génération montante est perçue comme une rivale, prête à s'accaparer les places des plus âgés. V F
15. À cette étape, les problèmes de dépression et d'alcool sont plus fréquents. V F

Avec l'aide de Dupuis et al. *(1987), nous avons colligé les réponses de différents chercheurs à chacune de ses affirmations. Cet exercice nous permettra, en même temps qu'une comparaison avec nos propres réponses, un survol de cette étape importante qui précède la retraite et la vieillesse dans le cycle de vie.*

1. La plupart des personnes interrogées par les chercheurs sont vivement conscientes de leurs responsabilités envers la génération plus jeune. Il ressort également que, si le travail n'est pas au centre des préoccupations de la personne d'âge moyen ou si celle-ci n'est pas menacée de perdre son travail, la disposition envers les plus jeunes est meilleure.

2. Plusieurs chercheurs mentionnent les changements physiques comme étant une caractéristique importante du mitan de la vie. Neugarten est très claire : les indices les plus saisissants à cet âge, surtout pour les hommes, sont souvent biologiques. L'attention accrue qu'il porte à sa santé, la diminution de son rendement physique sont des signes qui poussent l'homme à décrire les changements corporels comme étant les caractéristiques les plus frappantes du milieu de la vie.

3. La maladie, et tout particulièrement la conscience de la mort comme réalité, est un des thèmes favoris des chercheurs sur cette étape de la vie. Ceux-ci notent la reconnaissance des limites de la vie en général et particulièrement des limites de sa propre vie et de ses capacités personnelles.

4. Presque tous les écrits sur le mitan de la vie suggèrent qu'il est une période d'introspection, d'analyse de soi, d'inventaire personnel, de révision de sa vie. La réévaluation est un thème prédominant et la réflexion est une caractéristique frappante de la vie mentale des personnes d'âge moyen. Les

questions qui surgissent ressemblent à ceci : Qu'est-ce que j'ai réalisé jusqu'à maintenant ? Où en suis-je ? Quelle valeur a ma vie ?

5. Plus d'une dizaine d'auteurs, et certains parmi les principaux, vont tout à fait dans le sens de cette proposition : la vie est désormais perçue en termes de temps qu'il reste à vivre et de conscience que le temps est limité, qu'il passe et que la vie nous gagne en vitesse.
6. Certains auteurs parlent de « crise » du mitan de la vie, d'autres de « transition ». Les avis sont partagés. Cette question est probablement la plus controversée de toutes. Pour certains, il s'agit d'une période de lutte désespérée à l'intérieur de soi, touchant le sens, la valeur et le cheminement de sa vie. D'autres parlent de transition, c'est-à-dire une période où il y a des changements à effectuer, mais sans bouleversements majeurs.
7. Certaines recherches indiquent que, par suite d'une période de réévaluation majeure, l'individu peut réaffirmer ses choix ou changer complètement sa vie.
8. Les recherches constatent qu'en général, les individus d'âge moyen présentent des caractéristiques de plénitude, de maîtrise de soi et de possession de leurs moyens. C'est pourquoi on nomme cette période la « force de l'âge ».
9. Les personnes d'âge moyen portent un nouveau regard sur le développement et font une évaluation plus réaliste de leurs ambitions et de leur potentiel.
10. Selon quelques chercheurs, le désappointement est un sentiment qui fait partie des caractéristiques de cette étape, déception face aux attitudes parfois mesquines des autres ou désillusion face à nos propres incapacités. Le mitan de la vie peut être une période de réalisme un peu pessimiste.
11. L'activité sexuelle et la force physique deviennent moins importantes à cette période. Cependant, les recherches indiquent aussi que l'intérêt pour la sexualité chez les gens d'âge moyen ne diminue pas, ce qui permet de nuancer cette proposition.
12. Certaines recherches mentionnent la désorientation qui accompagne la crise de l'âge mûr. Le sentiment de ne plus savoir où aller et d'être incapable de faire quoi que ce soit est fréquent chez les gens de cet âge.
13. L'expérience qu'apporte l'âge peut, si elle est judicieusement employée, rendre la personne d'âge moyen capable d'accomplir beaucoup plus qu'une personne plus jeune, mais avec des moyens différents.

14. Sur le plan de la carrière les personnes d'âge moyen peuvent se sentir poussées par les jeunes qui veulent réussir. Les recherches notent l'attitude négative et compétitive, et l'ambivalence des gens d'âge moyen face aux jeunes, dans ce contexte.

15. Plusieurs chercheurs pensent qu'il y a quelque chose au mitan de la vie qui en fait une étape potentiellement dangereuse à franchir. Statistiquement, le nombre de suicides, d'accidents, d'admissions en psychiatrie, de dépressions et de problèmes d'alcool atteint un niveau inquiétant entre 40 et 50 ans. La panique, à l'approche de la vieillesse, peut jeter les individus dans des aventures extraconjugales dont l'issue est souvent déchirante. D'autres s'adonnent à l'alcool ou à la drogue.

En résumé, les changements physiques évidents, la réalisation de la finitude de la vie, la confrontation avec la maladie et la mort des proches amènent une personne d'âge moyen à prendre conscience que le temps lui est compté. Cette prise de conscience la conduit à faire le point sur ses possibilités professionnelles, sur ses relations avec son conjoint, sa famille, sur le sens de sa vie. C'est l'heure du bilan, de l'évaluation de son cheminement par rapport à l'idéal fixé plus tôt, dans la vingtaine.

Cette évaluation débouche sur deux voies : la maturité ou les problèmes. L'âge moyen peut représenter une période d'accomplissement pour l'être qui se sent en pleine possession de ses moyens. La personne réalise qu'elle a atteint une maîtrise d'elle-même, une autorité, une assurance et des valeurs qui lui permettent un épanouissement personnel et une liberté nouvelle. Par contre, le mitan de la vie peut se révéler de découragement et parfois une période de problèmes, de désillusions, de désespoir, si le bilan s'avère trop négatif. Pour certains, c'est un temps de crise où la fuite dans la drogue et l'alcool est la seule issue possible.

Généralement, cette période amène la personne à vouloir se perpétuer, chercher à survivre par ses façons d'être, ses idées, à travers la génération qui suit et à qui on porte intérêt. Pour ce faire, la personne assume un rôle de mentor ou apporte son soutien aux plus jeunes.

L'âge mûr est aussi l'époque des réalisations professionnelles les plus marquantes. La réussite professionnelle devient importante dans l'actualisation de soi, car on réalise que les possibilités d'avancement sont plus restreintes.

Parmi ces affirmations sur le passage de la quarantaine, lesquelles rejoignent le plus votre expérience ou votre vision personnelle de cette étape ? Lesquelles, parmi ces affirmations, les rejoignent le moins ? Décrivez en quelques mots votre perception du mitan.

Neugarten (1966, 1968, 1969) a répertorié, dans ses recherches, les cinq changements les plus caractéristiques de la période de l'âge mûr, du point de vue des processus intrapsychiques. Il s'agit des changements dans l'intériorité dans l'interprétation de l'expérience, dans la perspective temporelle, dans la maîtrise de l'environnement et dans les attitudes reliées aux rôles sexuels.

Un premier changement, sans doute le plus souvent retenu par les auteurs, est que, d'abord tournée vers le monde extérieur, la personne devient davantage préoccupée par sa vie intérieure ; elle porte désormais plus d'attention à ses sentiments, elle a tendance à la réflexion pendant que son attachement aux choses matérielles diminue. Durant cette période, l'accent est mis sur l'introspection et l'inventaire, ce qui conduit à une réévaluation consciente de soi. C'est ce déplacement du monde extérieur vers le monde intérieur que Neugarten appelle l'intériorité croissante.

Nous devenons de plus en plus complexes avec le temps. Au mitan de la vie, une des caractéristiques de la personne est de se préoccuper davantage de son expérience passée et de tenter de l'interpréter. Autrement dit, l'adulte se crée lui-même en intégrant l'ensemble des expériences accumulées et en leur conférant une signification.

Un autre changement se situe dans la perception du temps. Le sens qu'en a l'adulte d'âge mûr se métamorphose d'une double façon, quant à sa structuration et à sa finitude. L'adulte a désormais tendance à mesurer sa vie en fonction du temps qu'il lui reste à vivre. Le temps lui apparaît fini et limité par l'éventualité de sa propre mort.

Une caractéristique tardive du mitan de la vie est le passage graduel d'un sentiment de contrôle actif et de pouvoir sur l'environnement à un mode plus passif. Les adultes de 40 ans sentent qu'ils ont de l'énergie pour faire face au monde extérieur, qu'ils peuvent maîtriser leur environnement. Par contre, ceux de 60 ans peuvent percevoir le monde comme plus complexe et plus dangereux ; ils doivent s'accommoder d'un environnement en face duquel ils sont plus passifs qu'actifs.

Le mitan de la vie susciterait une autre modification, un croisement dans les attitudes reliées aux rôles sexuels : les hommes devenant plus réceptifs à leur affectivité, à leur sensualité, les femmes devenant plus présentes à leur à agressivité et à leur affirmation de soi.

L'âge mûr est une période de croissance où se développerait, selon Erikson, la force de la « générativité » qui concerne la procréation et le souci de sa progéniture. Dans un sens plus large, elle désigne la préoccupation pour la jeune génération et pour l'univers dans lequel elle vivra. « La générativité comprend la procréativité, la productivité, la créativité et, par conséquent, la génération de nouveaux êtres comme celle de nouveaux produits et de nouvelles idées, ce qui inclut une sorte de génération de soi dans la préoccupation de son identité ultérieure. » (Erikson) Le stade du mitan de la vie est beaucoup plus satisfaisant quand l'adulte réussit sa « générativité ». Et ce n'est pas le lot des seuls parents, car tout adulte qui œuvre au bien-être des jeunes et à la plus grande viabilité de l'univers, par sa production, sa créativité, son travail, réalise sa « générativité ». Mais c'est une attitude éloignée de la génération du moi.

Selon une recherche de Hardin (1985), il y aurait quatre composantes visibles dans la vie d'un adulte qui actualise sa générativité. Celui-ci a d'abord une vision du monde qui soutient les expériences de sa vie, c'est-à-dire un système de croyances dans lequel il encode son expérience personnelle. Et il y a place, dans cette vision du monde, pour une adhésion profonde aux aspects spirituels de la vie et pour la confiance dans les autres.

La générativité implique aussi de la souffrance et de la joie, lesquelles peuvent donner un sens à la vie. Les personnes qui actualisent leur générativité sont aussi récompensées par le plaisir qu'elles prennent à relever des défis et à faire partie d'un réseau de personnes qui vivent la même réalisation.

La compréhension de soi se développe également car, au fur et à mesure qu'ils progressent dans la générativité, les adultes intègrent les contradictions qui les habitent. Ils s'acceptent mieux et comprennent mieux les autres. Ils sont plus conscients de leurs forces et de leurs limites et se respectent à l'intérieur de ces limites.

Enfin, les personnes qui vivent leur générativité ont beaucoup de rêves pour elles-mêmes pour leurs enfants, pour les êtres aimés et pour le monde.

La générativité est donc ce désir que possède l'adulte de contribuer au développement d'un monde meilleur. Selon Erikson, quand cela ne peut se produire, l'adulte risque la stagnation. La personne peut se retrouver absorbée par elle-même, concernée avant tout par son propre confort, ce qui lui laissera un sentiment de vide.

De la tension entre les deux pôles, la générativité et la stagnation, naît la force de base qu'Erikson nomme la sollicitude. C'est essentiellement le fait de se soucier de quelqu'un, de se sentir concerné par son bien-être, d'en prendre soin.

Selon Houde (1991), la générativité est un bon descripteur du mitan de la vie; mais ce n'est pas le seul. Une intériorisation accrue et la quête de sens et d'identité font aussi partie du cheminement de l'adulte d'âge mûr. C'est comme si la question « Qui suis-je ? » s'accompagnait des questions « Qu'est-ce que j'ai fait de ma vie jusqu'ici ? » et « Que restera-t-il de moi après ma mort ? » Par ailleurs, la générativité peut aussi se vivre durant la jeunesse et même durant la vieillesse. Il semble que, si la générativité est prépondérante au mitan de la vie, toute une vie soit nécessaire pour la façonner.

Peck (1955) a complété le modèle d'Erikson en ajoutant quatre tâches caractéristiques du stade de la générativité qui ressemblent à quatre avis ou conseils judicieux pour bien s'épanouir dans l'âge mûr.

Le chercheur suggère ainsi de valoriser la sagesse au lieu de la force physique et de la beauté pour bien vivre le vieillissement. Nous comprenons ici qu'il vaut mieux rechercher sa valeur personnelle dans les connaissances et l'expérience acquise plutôt que dans le corps qui n'offre plus, à l'âge mûr, le même potentiel de valorisation.

L'auteur propose aussi de socialiser les relations humaines plutôt que de les sexualiser, de mettre l'accent sur la compréhension de l'autre plutôt que sur la séduction.

Acquérir une flexibilité émotionnelle, investir dans de nouvelles relations quand les enfants partent, quand les amis disparaissent, ce sont là également des tâches importantes de l'âge mûr. La perte d'amis, du conjoint ou de la conjointe, la perte de certaines activités sociales entraînent toutes un besoin de renouvellement du réseau des relations amicales et interpersonnelles significatives. C'est à l'âge mûr qu'il semble opportun d'amorcer cette tâche qui demandera de la continuité lors de la vieillesse.

Enfin, l'adulte d'âge mûr doit apprendre à faire preuve de flexibilité mentale plutôt que de rigidité, ce qui signifie surtout utiliser son expérience passée comme un guide *provisoire* pour aborder les expériences nouvelles (Hétu, 1992). La personne rigide tente d'utiliser les mêmes moyens qui ont déjà fonctionné pour résoudre des problèmes nouveaux et refuse d'essayer des manières nouvelles d'envisager les choses. Par contre, la personne qui fait preuve de flexibilité mentale a la capacité de comprendre ce qui lui arrive avec un certain détachement par rapport aux réponses qu'enseigne l'expérience, et d'envisager de nouvelles solutions.

L'étape de l'âge mûr donc, avec ses questionnements sur le temps qui passe et sur le sens de la vie, avec ses changements physiques et psychologiques fait entendre déjà les premiers murmures de la vieillesse. À la différence de celle-ci, cependant, l'âge mûr représente pour l'adulte un fort pouvoir social et l'accomplissement dans la carrière et dans des réalisations de toutes sortes. Le prochain tournant, tout en propulsant la personne vers une plus grande liberté, aura sans doute des répercussions sur sa manière de vivre, et ce, sur les plans économique, psychologique et social.

La retraite

Certains chercheurs voient dans la retraite une étape de crise, principalement lorsque le rôle de travailleur était essentiel à l'identité de la personne (Plamondon, 1984 ; Palmore, 1984). Quand celle-ci se retrouve en situation de non-travail, et qu'elle ne peut retrouver d'intérêt et d'implications sociales aussi importants que lorsqu'elle travaillait, elle risque de perdre l'estime de soi, de connaître l'isolement, la maladie et le déclin de sa satisfaction face à la vie. Il faut dire ici que le « choc de la retraite » ne semble pas être un modèle commun mais constitue plutôt une expérience minoritaire (Tornstam, 2005).

C'est pourquoi, une majorité de chercheurs tendent à percevoir la retraite plutôt comme une étape de transition, qui n'entraînerait pas nécessairement un déclin de la santé ou des problèmes d'adaptation majeurs. Hornstein et Wapner (1985) ont dégagé quatre profils d'adaptation à la retraite.

La retraite peut d'abord être pour quelqu'un une étape de désengagement social réussi. Le temps permet désormais de faire les choses à son rythme, et on est moins porté à s'engager dans de grands projets.

La retraite peut aussi se vivre comme une phase stimulante. La personne se découvre alors des énergies nouvelles pour entreprendre divers projets qu'elle avait mis en veilleuse auparavant.

Certaines personnes peuvent par ailleurs tenter de maintenir leur style de vie antérieur en continuant de travailler d'une manière plus détendue et parfois à leur propre compte.

Il arrive enfin que la personne vive sa retraite comme une perte majeure que les activités de remplacement ne réussissent pas à combler. Une certaine acceptation finit par se manifester, mais le sentiment que la retraite ne devrait pas exister continue d'habiter la personne qui a de la difficulté à franchir cette étape.

Les chercheurs s'intéressent aussi aux raisons qui motivent la prise de la retraite. Charpentier (1995) mentionne que les motivations à la retraite varient considérablement selon le sexe. Les hommes se retirent surtout à cause de l'âge et de leur état de santé tandis que les femmes prennent leur retraite en même temps que leur mari ou à cause de la maladie d'un membre de la famille. Différents éléments personnels sont aussi invoqués notamment le désir d'une vie libre de contraintes professionnelles, le goût de réaliser des projets, les caractéristiques de l'emploi et la situation familiale.

À la retraite, toute personne vivra une période d'adaptation après ce que les chercheurs appellent « la lune de miel » pendant laquelle l'ex-travailleur profite de bons moments sans contraintes et sans horaires fixes. Si le retraité vit une situation économique satisfaisante et se découvre des potentialités (activités bénévoles, passe-temps divers) qui donnent un sens à sa nouvelle vie, le sentiment de bien-être que procure le fait d'être libéré du travail se maintiendra. Si l'argent ou les biens matériels ne sont pas suffisants, et que les autres ressources manquent aussi, le retraité risque de ressentir un malaise qui nécessitera un ajustement de sa situation.

La vieillesse : une étape de croissance

Au sommet de toutes ces étapes du développement humain se situe la vieillesse. Après avoir de multiples fois rétabli sa confiance dans la vie, affermi son autonomie, exercé son initiative, recréé son identité, approfondi des liens d'intimité et actualisé le don d'elle-même, la personne s'avance enfin vers cet ultime passage, qui s'ouvrira peut-être pour elle, sur la plénitude et la sagesse.

Dans ce huitième stade de la théorie psychosociale d'Erikson, la personne prend conscience de la finitude de sa vie et de l'éventualité de sa mort, ce qui entraîne l'évaluation de sa vie. Robert Butler (1963) soutient que la personne âgée, de façon universelle, fait l'expérience intérieure de passer sa vie en revue. C'est l'heure du bilan, un exercice qui est relié à l'intégrité. La personne, au terme de cette évaluation, peut éprouver le sentiment que sa vie, telle qu'elle l'a vécue, a du sens ou, au contraire, ressentir une impression de non-sens. L'intégrité est le sentiment d'être entier et cohérent et d'avoir réalisé, à des degrés divers, sa vie. L'intégrité signifie un état d'achèvement, de totalité. Malgré le déclin physiologique inévitable qui l'assaille, la personne âgée peut continuer d'évoluer à l'intérieur d'elle-même. C'est l'étape où s'achève son devenir. C'est le moment de passer à l'acceptation et à l'intégration des expériences de toute une vie. C'est le point d'arrivée d'un processus de croissance entamé au début du cycle de vie ; ce point d'arrivée est l'actualisation de toutes les dimensions de la personnalité, désormais intégrées dans un tout original et unique.

Cet achèvement de l'intégrité n'est pas observable directement. C'est d'abord sous forme d'un état d'esprit que se manifeste l'intégrité : l'acceptation (qui est une attitude positive, et non la résignation devant la vieillesse, considérée comme un mal nécessaire) du cycle de sa propre vie comme quelque chose qui devait exister, une réalité unique et différente des autres, en est la principale composante. « Si c'était à refaire, je recommencerais de la même manière. » « J'ai fait quelques erreurs mais, somme toute, c'est pas mal ce que je voulais vivre. » Lorsqu'une personne parvient à l'intégrité, c'est dans la totalité de sa vie qu'elle perçoit du sens.

Une personne peut, en passant sa vie en revue, éprouver des regrets et des sentiments d'amertume. Vécue d'une façon intense, cette amertume peut se changer en désespoir. Le désespoir peut s'exprimer dans le sentiment qu'il ne reste pas assez de temps pour recommencer une nouvelle vie, ce qui peut entraîner la peur de la mort.

Durant cette étape se développe la force de la sagesse. Celle-ci peut se définir comme étant un degré supérieur de connaissance de la vie et se manifester par la capacité de donner des conseils avisés, par une connaissance approfondie de la nature humaine, généralement acquise par l'expérience et la réflexion (Mishara et Riedel, 1994).

Ce dernier stade de la vie donne l'occasion à la personne de repasser toutes les autres étapes de son cheminement et d'en faire une nouvelle synthèse, une nouvelle intégration personnelle des différents enjeux psychosociaux.

Depuis sa dernière maladie, Arthur n'est plus tout à fait le même. Ses forces physiques sont revenues, mais il passe de grandes périodes à « jongler », seul, se berçant et regardant dehors. Ses 72 ans lui font sentir qu'il n'est pas immortel. Des événements lui remontent en mémoire. L'affaire de la clôture à remplacer... Il s'est tellement fâché contre son voisin qu'ils ne se sont pas reparlé depuis. Ça fait huit ans de cela. Et sa femme, a-t-elle toujours été heureuse? Au fond, le temps presse, et entrer chez Dieu avec quelques vilaines rancunes, ça serait bien moche, pense-t-il!

Walaskay, Krauss, Whitbourne et Nehrke (1983) ont distingué quatre façons de vivre le huitième stade de la vie.

- La personne réalise son intégrité et accepte le sens et la valeur de sa propre vie; elle s'adapte aussi à son vieillissement.
- La personne s'enfonce dans le désespoir, juge négativement sa vie et accumule les regrets, les ressentiments et l'amertume.
- La personne ne se laisse pas atteindre par cette crise de développement et ses enjeux. Elle manque alors une occasion de croissance et d'approfondissement de sa vie.
- La personne vit ce stade dans l'inconfort, l'ambivalence et les conflits.

Tout comme pour l'âge mûr, Peck (1955) a ajouté au travail d'Erikson sur l'intégrité trois tâches complémentaires.

La personne âgée doit d'abord apprendre à dépasser les malaises physiques et leurs effets; c'est la « transcendance corporelle ». Certains y parviennent, d'autres organisent leur vie en fonction de leurs symptômes. La vieillesse est une diminution de la résistance physique et de la capacité de récupération qui coïncide souvent avec l'apparition de malaises corporels. Si pour une personne le bonheur est lié au bien-être physique, ce déclin du corps peut être vécu comme la pire épreuve. Mais les malaises n'empêcheront pas certains de se réaliser dans leurs relations interpersonnelles ou dans un travail de créativité.

Simone a décidé que ses 78 ans et leur cortège de malaises ne lui empoisonneraient pas la vie. Elle fait de la natation et surveille son alimentation, mais rien ne l'empêche d'aller travailler tous les mardis et les jeudis au vestiaire de sa municipalité pour les personnes démunies. Elle ne veut pas faire comme sa bonne amie Lucie, qui a bien organisé sa vie autour de ses petits problèmes et qui finalement ne s'en porte pas mieux.

La personne âgée doit réajuster son identité d'une façon qui soit compatible avec le maintien de l'estime de soi; c'est la « différenciation du moi ». Cela représente pour la personne un défi, celui de puiser dans d'autres aspects de sa personnalité. Ne retrouvant plus son identité par rapport à son travail ou à son rôle de père ou de mère, la personne âgée doit se redéfinir, retrouver sa valeur personnelle en dehors de ces rôles, parmi d'autres dimensions de son identité, en vue de se construire une vieillesse significative.

> *Vic a toujours été un travailleur acharné. Le garage, c'était sa vie. Depuis trois mois, il est retraité ; il se sent vieux. C'est comme si, en laissant le garage, il perdait sa raison de vivre. Pourtant il avait hâte. Mais là, il se sent inutile. À part d'être le taxi de son épouse, de faire des mots mystère, un peu d'entretien à la maison, qu'y a-t-il à faire ? Quelqu'un lui a demandé l'autre jour s'il était intéressé à conduire des gens à la clinique pour des examens... Peut-être...*

La personne âgée doit enfin s'apprivoiser à la mort ; c'est la « transcendance du moi » qui est une tâche très importante durant la vieillesse. Elle permet d'approcher la mort d'une façon constructive, la disparition de l'ego devenant moins importante par rapport à la vie qui continue. Comment les personnes âgées arrivent-elles à se détacher du moi ? En constatant qu'elles ont réalisé quelque chose de durable (générativité), en tirant fierté des enfants qu'elles ont éduqués, d'une œuvre, de contributions sociales et de relations interpersonnelles satisfaisantes. Une trop grande focalisation sur le moi conduit une personne à refuser la vieillesse et la mort.

Hétu (1992) a pour sa part réalisé une synthèse des différentes tâches « développementales » de la vieillesse. Nous en avons retenu quelques-unes ici qui complètent les tâches suggérées par Peck (1955).

D'abord, prendre conscience de son vieillissement et l'accepter, une tâche amenée par les premiers signes du vieillissement. Certaines personnes « s'apprivoisent » plus facilement au vieillissement, en admettant les diminutions physiques, le ralentissement du rythme de travail ou d'activités. D'autres nient cette réalité par toutes sortes de moyens. Elles cachent leur âge, ne parlent jamais de leurs projets de retraite, fuient la compagnie des gens plus âgés et fréquentent les plus jeunes, etc. Nier le vieillissement, c'est se condamner à mal vieillir.

La baisse d'énergie physique et la diminution sensorielle, qui rendent difficile le maintien d'un contrôle adéquat sur l'environnement et mettent en péril son autonomie, exigent de la personne âgée qu'elle s'ajuste à ce déclin et redéfinisse son espace physique en conséquence. Un tel réajustement de l'environnement peut se traduire par un changement de lieu de résidence, l'ajout de services à domicile, le port de certaines prothèses et des précautions sécuritaires. Il est important que ce réajustement soit fait à temps et soit accepté par la personne âgée.

> *Depuis un an, Rosalie sent que ses forces déclinent. La maison lui paraît trop grande à entretenir, les escaliers sont hauts. Tenir maison lui sera bientôt très difficile. Elle aimerait déménager dans un appartement avec des services, mais son mari Joachim ne veut rien savoir. Il est bien dans sa maison. À chaque fois que Rosalie en parle, c'est la « crise ». Rosalie se tait, mais bientôt elle tombe malade. Raisonné par son fils, Joachim réalise son erreur et finit par accepter le déménagement.*

Il devient par ailleurs important, lors de la vieillesse, de négocier des relations satisfaisantes de part et d'autre avec ses enfants et petits-enfants, car ces relations peuvent être source de bonheur mais aussi de conflits. Les difficultés dans ces relations peuvent provenir de part et d'autre. L'enfant d'âge mûr, déjà surchargé de travail et d'activités sociales, doit négocier différents types de rapports et de demandes avec les adolescents, le conjoint, les parents vieillissants. Aux prises avec un horaire parfois compliqué, cet enfant d'âge mûr essaie de se rendre physiquement disponible pour répondre aux besoins qui découlent des diminutions physiques de ses parents âgés (entretien de la maison, courses, rendez-vous chez le médecin). Les parents vieillissants, de leur côté ont souvent peur de déranger leurs enfants et se voient dépendants. Souvent, ils se sentent l'obligation « d'acheter l'aide » de leurs enfants par un échange de services (gardiennage, repas) ou un apport financier. L'enfant d'âge mûr, de son côté, apprend à faire face aux réactions d'anxiété, de peur ou de dépression des parents âgés face à leurs pertes. Ce ne sont que quelques exemples des défis posés à la relation entre les parents âgés et leurs enfants.

Repenser le sens de sa vie dans des perspectives plus larges, à partir de son propre bilan de vie, est aussi une tâche de la vieillesse. La personne âgée effectue ainsi la synthèse de sa vie, erreurs et réussites, souffrances et joies, pour arriver à une certaine sagesse et à l'intégrité telle que décrite par Erikson.

Un autre défi est d'apprendre à vivre la dépendance physique importante qui peut survenir durant les dernières années de la vie. C'est l'apprentissage de la responsabilité maintenue malgré la dépendance, de l'autonomie sauvegardée par la négociation de la satisfaction des besoins en fonction de la disponibilité des proches. C'est vivre une dépendance responsable, sans renoncer aux besoins d'aide légitimes mais sans les imposer non plus d'une manière despotique.

Selon Laforest (1989), la vieillesse est une situation existentielle de crise, résultant d'un conflit interne entre l'aspiration naturelle à la croissance et le déclin physique et social dû à la progression de l'âge. De même que la crise psychosociale d'Erikson conduit à l'intégrité, la crise existentielle de la vieillesse conduit aussi à une forme d'intégrité, mais pas à l'intérieur de polarités. Laforest (1989) définit l'intégrité comme l'actualisation de tous les aspects de la personnalité, désormais intégrés d'une manière unique et originale. L'intégrité est ainsi obtenue à travers trois crises : une crise d'identité, une crise d'autonomie et une crise d'appartenance.

Les pertes liées au processus du vieillissement entraînent chez la personne âgée une redéfinition d'elle-même à travers les nouveaux rôles sociaux, les nouvelles perceptions de soi qu'elle se donne. Ce travail d'identité renouvelée lui permet de créer des rapports neufs avec les autres, de réajuster son estime de soi et son système de valeurs personnelles.

La vieillesse et le déclin physique qui l'accompagne poussent la personne à modifier ses manières de vivre en fonction des pertes encourues. Il faut dès lors négocier avec les autres, selon ses besoins, sans tyrannie ni démission, le maintien de l'autonomie nécessaire à la qualité de vie.

La vieillesse entraîne aussi, par la diminution des forces, un certain désengagement par rapport aux activités sociales. La personne âgée devra réaménager sa participation sociale de manière à conserver son sentiment d'appartenance au courant de la vie et son sentiment d'utilité aux autres.

Laforest (1989) a démontré que la croissance ne se termine pas avec l'âge mûr et que les différents enjeux psychosociaux qui ont marqué le développement humain au cours de la vie se manifestent encore lors de la vieillesse. Dans son ouvrage *La vieillesse apprivoisée* (2002), cet auteur continue son étude de la vieillesse en insistant sur la question prépondérante du sens à lui donner. « Le sens de la vieillesse n'est pas une question théorique réservée aux seuls philosophes. Personne ne peut l'éviter. L'enjeu est le même pour tous : comment intégrer la vieillesse dans le cycle de la vie ? » (Laforest, p. 13). Pour réaliser cette croissance durant la vieillesse, il faut surmonter deux obstacles. Le premier consiste à dépasser le préjugé que la vraie vie est finie, c'est le moment du repos. Si la personne se résigne à ne plus avoir de projet de vie, c'est là que sa vie perd de son sens. Le second obstacle est le déclin occasionné par le processus de vieillissement, d'où la nécessité d'assumer ses pertes. Les trois conditions qui permettent de surmonter les pertes dues au vieillissement sont de retrouver la joie de vivre et cultiver l'émerveillement, de modifier son système de valeurs c'est-à-dire passer d'un système fondé sur l'agir et l'avoir à un système basé sur l'être et enfin d'apprivoiser la mort. Cette traversée de la vieillesse s'effectue graduellement, dans un cheminement personnel jalonné de réflexion et d'expériences du vieillissement.

Pour Tornstam (2005), grandir en âge avancé a son propre sens. Cette étape ne signifie pas simplement la continuité et la stabilité du mitan, comme plusieurs études en gérontologie l'affirment, mais elle comporte, comme les autres étapes de la vie, du changement et du développement psychologique. Vivre implique un processus durant lequel le degré de transcendance augmente depuis l'enfance jusqu'à l'âge avancé. Pour cette dernière étape, Tornstam parle de *gérotranscendance* qui est vue comme le stade final d'une progression naturelle vers la maturation et la sagesse. Comme le stade d'intégrité d'Erikson, il y a divers degrés de *gérotranscendance* et ce stade n'est pas atteint automatiquement par la personne âgée.

Comment reconnaît-on qu'une personne âgée vit le stade de *gérotranscendance*? La personne expérimente une redéfinition du soi et de ses relations avec les autres, devient moins égocentrique et développe une nouvelle compréhension des questions existentielles. Elle devient moins préoccupée et plus sélective dans le choix des activités sociales et autres. Elle vit une augmentation des sentiments d'affinités avec les générations passées et une diminution de l'intérêt pour les interactions sociales superficielles. La personne peut vivre aussi un certain désintéressement pour les choses matérielles et un besoin croissant pour la méditation solitaire et la solitude positive, meublée par la réflexion où la méditation devient plus importante. Un sentiment de communion plus intense avec l'esprit universel (cosmique) l'habite et elle poursuit une redéfinition du temps, de l'espace, de la vie et de la mort. Ces changements développementaux sont associés à une augmentation de la satisfaction et du bien-être psychologique des aînés.

La vieillesse, comme étape de croissance, représente un défi pour certaines forces fondamentales de l'être humain, en particulier la confiance en la vie, la prise en charge de soi, le sens de l'initiative et le sentiment d'identité. En effet, il faut à la personne âgée un bon capital de confiance et d'espoir pour affronter les pertes multiples tout en gardant un regard positif sur la vie. La prise en charge de soi est soumise à des ajustements, de manière à maintenir le sentiment de maîtrise sur les événements et l'environnement. Le sens de l'initiative de la personne âgée est sollicité pour la création de nouveaux rôles, l'implication dans de nouvelles activités, qui continueront d'alimenter l'estime de soi. Et, enfin, l'identité est remise en question : non seulement la personne âgée tente de se redéfinir par rapport aux différents ajustements exigés par la vieillesse mais elle boucle aussi le cheminement de toute sa vie dans un bilan qui soit la laissera sereine, en marche vers la paix intérieure, soit la plongera dans un état d'inquiétude par rapport à certains événements mal vécus.

Quoi qu'il en soit, la vieillesse est un quai où l'être humain termine ses préparatifs pour le départ en haute mer. Une personne qui a le sentiment d'avoir accompli quelque chose dans sa vie, sera davantage capable de voir celle-ci se retirer progressivement que la personne qui a le sentiment d'avoir vécu pour rien et de n'avoir aimé personne. À la fin de ce lent processus de croissance, c'est l'amour qui aura le dernier mot.

J'essaie de trouver dans mon entourage des exemples de personnes âgées qui vivent selon l'une ou l'autre des quatre façons de Walaskay et al. *(1983) le huitième et ultime stade de la vie.*

J'essaie d'identifier des personnes âgées qui vivent les différentes tâches « développementales » associées à la vieillesse et étudiées dans ce chapitre (Peck, 1955 ; Hétu, 1992).

Est-ce que je peux constater chez un aîné des signes de gérotranscendance ?

Références

BUTLER, R. (1963). « The Life-Review : An interpretation of Reminiscence in the Aged », *Psychiatry*, 26, p. 65-76.

CHARPENTIER, M. (1995). *Condition féminine et vieillissement*. Montréal, Éditions du remue-ménage.

CHICKERING, A. (1969). *Education and Identity*. San Francisco, Jossey Bass.

CLARK, M. et B. ANDERSON (1967). *Culture and Aging, An Anthropological Study of Older Americans*. Springfield (IU.), Charles Thomas.

DUPUIS, P. *et al.* (1987). *Le mitan de la vie et la vie professionnelle*. Montréal, Agence D'Arc.

ERIKSON, E.H. (1950). *Enfance et société*, Neuchâtel, Delachaux et Niestlé.

ERIKSON, E.H. (1972). *Adolescence et crise: la quête de l'identité.* Paris, Flammarion.

HARDIN, P.P. (1985). *Generativity in Middie Adulthood.* Thèse de doctorat, Northern Illinois University.

HAVIGHURST, R.J (1972). *Developmental Task and Education.* New York, McKay.

HÉTU, J.-L. (1992). *Psychologie du vieillissement.* Montréal, Méridien.

HORNSTEIN, G. et S. WAPNER (1985). « Modes of experiencing and adapting to retirement », *International Journal of Aging and Human Development,* 21, 4, p. 291-315.

HOUDE, R. (1991). *Les temps de la vie.* Montréal, Gaëtan Morin Éditeur.

LAFOREST, J. (1989). *Introduction à la gérontologie.* Ville LaSalle, Hurtubise, HMH.

LAFOREST, J. (2002). *La vieillesse apprivoisée.* Montréal, Fides.

LEVINSON, D.J. *et al.* (1978). *The Seasons of a Man's Life.* New York, A.A. Knopf.

MISHARA, B.L. et R.G. RIEDEL (1994). *Le vieillissement.* Paris, PUF.

NEUGARTEN, B.L. (1966). « Adult Personality: A Developmental View », *Human Development,* 9, p. 61-73.

NEUGARTEN, B.L. (1968). *Middle Age and Aging.* Chicago, University of Chicago Press.

NEUGARTEN, B.L. (1969). « Continuities and Discontinuities of Psychological Issues into Adult Life », *Human Development,* 12, p. 121-130.

NEWMAN, B.M. et P.R. NEWMAN (1987). *Development through life: A psychosocial approach.* Chicago, Dorsey Press.

PALMORE, E. *et al.* (1984). « Consequences of Retirement », *Journal of Gerontology,* 39, 1, p. 109-116.

PECK, R.C. (1955). « Psychological Development in the Second Half of Life », dans B.L. NEUGARTEN (1968). *Middle Age and Aging.* Chicago, University of Chicago Press.

PLAMONDON, G., L. PLAMONDON et J. CARRETTE (1984). *Les enjeux après cinquante ans*. Paris, Robert Laffont.

TORNSTAM, L. (2005). *Gerotranscendence. A Developmental Theory of Positive Aging*. New York, Springer Publishing Company.

WALASKAY, M., S. KRAUSS-WHITBOURNE et M. NEHRKE (1983). « Construction and validation of an ego integrity status interview », *International Journal of Aging and Human Development*, 18, 1, p. 61-71.

Chapitre 5
LES BESOINS FONDAMENTAUX ET LA VIEILLESSE

Il faut beaucoup d'amour et d'humour pour bien vieillir.

Jacques Salomé, *Bonjour tendresse*

Il n'est guère possible d'élaborer une synthèse des connaissances humanistes en psychologie gérontologique sans un bref rappel de la théorie des besoins humains et de son application à la vieillesse. Le besoin est une notion fondamentale, en psychologie humaniste, et son rapport avec la santé mentale a été clairement établi.

Il y a plusieurs classifications et théories des besoins humains, entre autres celles de Nuttin (1965), Linton (1965), Goldstein (1947), Angyal (1941), etc., mais nous avons retenu la théorie des besoins de Maslow (1954). Déjà connue par beaucoup de lecteurs, elle demeure facile d'accès pour les non-initiés et permet une synthèse des besoins fondamentaux. Elle permet aussi de préciser les besoins spécifiques des personnes âgées et les interventions possibles pour les aider à combler ces besoins.

Début de la démarche

En vous basant sur la pyramide des besoins de Maslow illustrée à la page suivante et sur la description des besoins (p. 105), identifiez les besoins physiques et psychologiques actuels d'une personne âgée.

Lesquels de ces besoins sont comblés chez la personne âgée et lesquels vous semblent négligés ? Qu'allez-vous faire pour l'aider à combler cette lacune ?

La définition d'un besoin

Selon le dictionnaire Robert, un besoin est « une exigence née de la nature ou de la vie sociale ». Selon Saint-Arnaud (1974), l'organisme humain, d'une part, et le milieu, d'autre part, contribuent à faire émerger chez la personne un ensemble de besoins qui, à leur tour, orientent le comportement de cette personne. Saint-Arnaud ajoute que l'effet le plus immédiat de la tendance à l'actualisation de soi est de transformer l'énergie de l'organisme en besoins fondamentaux, dont la satisfaction entraîne, en retour, cette même actualisation de la personne.

Un besoin est donc *un dynamisme, une motivation qui met en œuvre un comportement destiné à le combler en vue du bien-être, de l'épanouissement, du fonctionnement optimal, de la santé physique et mentale.*

Figure 1
PYRAMIDE DE MASLOW

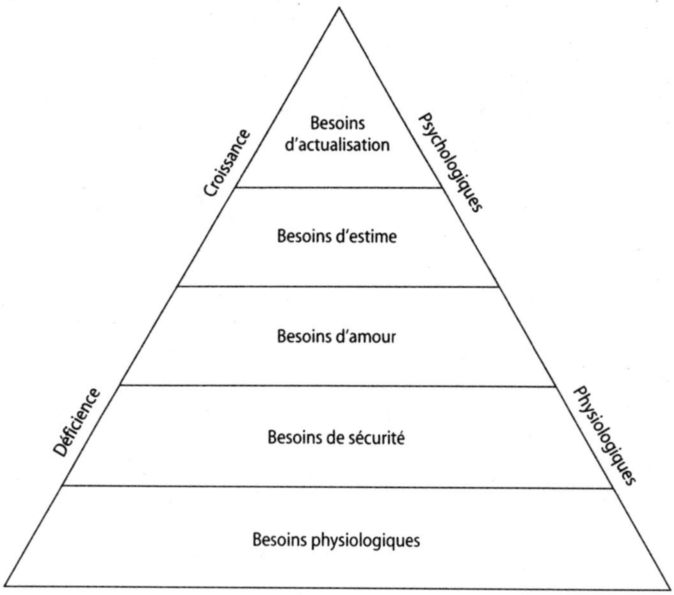

La théorie des besoins

Maslow (1954) a constitué deux grandes catégories qui englobent cinq niveaux de besoins. Il s'agit, d'une part, des besoins de *déficience*, qui correspondent à des manques qu'il faut combler à l'aide de l'environnement, et, d'autre part, des besoins de *croissance*, qui correspondent aux nécessités de la réalisation de soi. Ces besoins sont de nature physiologique et psychologique.

Les besoins fondamentaux des deux catégories sont reliés entre eux dans une structure hiérarchique, représentée par une pyramide. À la base se trouvent les besoins les plus urgents, classés par ordre de priorité. Lorsque ces besoins sont comblés, l'être humain peut avancer sur le chemin de la réalisation de soi.

Selon Révilla (1980), la hiérarchie des besoins selon Maslow se décrit avec les éléments qui suivent.

- *Les besoins physiologiques.* Ce sont les besoins d'hygiène, de confort, d'alimentation, d'hydratation, de sommeil, de repos, d'activité physique et de maintien des fonctions sensorielles, locomotrices, respiratoires, rénales, gastro-intestinales et cardio-vasculaires. Le besoin sexuel occupe une place spéciale parce qu'il peut impliquer, pour sa satisfaction, une autre personne.
- *Les besoins psychologiques.* Parmi ces besoins, on distingue :
  - *Les besoins de sécurité.* Il s'agit de recherche l'absence de dangers, de menaces, de risques, d'accidents, de traumatismes, de privations, de peur, d'angoisse et, à l'inverse, la présence d'une structure, d'un ordre, de limites et d'une protection.
  - *Les besoins d'amour et de sentiment d'appartenance.* Il y a différentes façons, actives et passives, de donner et de recevoir. On parle ici du besoin d'être l'objet de l'amour, de la tendresse et de l'affection d'une autre personne, ce qui implique aussi le besoin de donner et de recevoir de l'amour, de l'affection. Il y a également le besoin d'exprimer des sentiments et d'avoir des réactions positives ou négatives ; le besoin d'avoir des relations interpersonnelles adéquates ; le besoin de remplir ses devoirs religieux selon ses croyances.
  - *Les besoins d'estime personnelle.* Il s'agit ici de respect de soi, de confiance en soi aussi bien que de respect et d'estime de la part des autres. C'est le besoin, en somme, de se sentir valorisé à ses propres yeux et d'obtenir la considération des autres ; le besoin de s'accepter soi-même, avec ses propres limites, ses tendances et ses possibilités.

Les besoins de *croissance*, par ailleurs, se situent au sommet de la pyramide et se définissent par les *besoins d'actualisation de soi.* Il s'agit du besoin de s'occuper à un travail où l'on pourra se sentir utile, de réaliser une activité, un loisir où l'on pourra s'épanouir ; le besoin d'utiliser son potentiel pour parvenir à des buts fixés ; les besoins de créativité, de progression vers des buts spirituels ; le besoin d'apprendre, de découvrir, de satisfaire une saine curiosité ; le besoin de trouver un sens à sa vie et d'accroître la conscience de soi.

Selon Maslow, la satisfaction des besoins fondamentaux, qui sont à la base de la pyramide, a un impact positif majeur sur la santé mentale et physique d'une personne, alors que la non-satisfaction de ces besoins entraîne la maladie. Une personne saine et en santé, une fois satisfaits ses besoins de base, cherchera à satisfaire ses besoins de réalisation de soi, qui constituent le sommet de la pyramide.

Les besoins spécifiques des personnes âgées

La vieillesse et ses défis poussent sur le devant de la scène certains besoins qui deviennent plus spécifiques à la personne âgée. Wilson et Kneisl (1982) et Plouffe et Plamondon (1989) en présentent les particularités que nous avons synthétisées.

Quelques-uns de ces besoins spécifiques s'ajoutent au besoin d'intégrité physiologique, tel que décrit au niveau des besoins fondamentaux de toute personne. L'*alimentation*, le *repos* et le *confort* sont trois points précis à inclure dans les besoins particuliers des personnes âgées. Le corps, moins actif, nécessite un apport moindre en nourriture; la récupération est plus fréquemment possible et le bien-être physique est favorisé par de bons soins. Un autre besoin est le *mouvement*. Le mouvement est un signe de vie. Marcher, danser, faire de la bicyclette... c'est montrer qu'on est en vie. Il y a cependant des limites à respecter dans le type de mouvement, la dépense d'énergie physique et le moment choisi pour cette activité. La personne âgée a aussi besoin de *stimulations sensorielles* qui lui permettront de maintenir une certaine qualité de vie, alors même que la vue baisse et que l'oreille devient dure.

Parmi les besoins spécifiques qui ont trait à la sécurité, la personne âgée a besoin d'un environnement sécuritaire et d'appareils facilitant la perception sensorielle. La possibilité d'exercer sa mobilité permet à la personne de se faire des points de repère pour se déplacer avec confiance dans son environnement. Le besoin de sécurité émotive est également important pour la personne âgée. Faire confiance à son conjoint, à sa famille, à ses amis et aux intervenants qui l'entourent et se faire confiance à elle-même est un besoin relié en même temps au sentiment d'appartenance. La personne a besoin de sentir qu'on ne la trompe pas, qu'on n'abuse pas d'elle. L'autonomie, le besoin d'avoir un certain pouvoir sur l'environnement physique et social contribue à maintenir le sentiment de sécurité de la personne âgée. Prendre des décisions sur ce qui la concerne, faire ce qu'elle peut pour et par elle-même sont des réponses au besoin d'autonomie et renforcent la sécurité personnelle.

La nécessité du sentiment d'appartenance se révèle d'une manière particulière dans le besoin d'avoir un territoire, des amis, des relations familiales, un groupe, une croyance, un confident. Plus précisément, le besoin d'être reconnu, comme une personne ayant un nom, une identité bien à elle, riche d'expériences uniques, habitant tel logement ou telle chambre s'avère très important. La nécessité d'un *territoire* se définit comme un besoin d'espaces familiers qui permettent l'expression du vécu et procurent un abri, une sécurité. Le besoin d'un *confident* ou d'*amis*, c'est celui d'une présence qui accompagne, écoute, interpelle, une présence compréhensive, discrète et respectueuse. Des *relations familiales* gratifiantes sont évidemment aussi importantes pour l'aîné. Qu'elle habite en appartement, en chambre, dans sa famille ou dans un centre, la personne âgée a également besoin d'*intimité*. Que ce soit pour prendre soin de son corps ou pour réfléchir et méditer, elle a besoin de solitude. L'intimité lui permet aussi d'exprimer son affection et sa tendresse à son conjoint, sans crainte d'être à tout moment dérangé. Le besoin d'intimité est relié au besoin de vivre une sexualité saine et appropriée au choix de la personne âgée. L'appartenance à un groupe partageant les mêmes croyances ou des valeurs semblables permet à la personne âgée qui s'implique d'éviter l'isolement et de poursuivre sa croissance.

Le besoin d'estime de soi s'exprime de façon particulière, pour la personne âgée dans la nécessité de *se sentir utile*, de se valoriser en rendant service selon ses compétences, spécialement aux plus démunis, aux enfants, aux moins bien portants. Le besoin de *se valoriser* se manifeste également dans des réalisations concrètes (tricot, couture, écriture, musique, etc.), destinées à être appréciées par les autres. Le besoin de *réussir* encore dans quelque chose et d'être reconnue comme compétente contribue au maintien de l'estime de soi de la personne âgée. Le besoin d'*autonomie* est aussi à mettre dans cette catégorie, puisque la maîtrise de soi et de l'environnement est en relation immédiate avec l'estime de soi.

Pour se réaliser, l'aîné a certains besoins spécifiques à combler. Le besoin d'*expression de soi* à travers la parole, les souvenirs, les réalisations, les rencontres amène une continuité dans la croissance personnelle. Pour continuer d'être motivé, stimulé par la vie, l'aîné a besoin de *situations nouvelles* qui viennent rompre sa routine et lui offrir de nouveaux défis. Le besoin de *transcendance du moi* renvoie au besoin de dépasser les maladies et les déclins qu'entraîne le vieillissement et de s'oublier dans le dépassement de soi. Le besoin de *solitude* rejoint celui d'intimité. La personne âgée désire meubler son temps par des réflexions, des rêves et des souvenirs et se façonne ainsi une solitude sereine et habitée. Le besoin de *savoir* et d'*entretenir ses connaissances*, de les mettre à jour, de les compléter, de lire et de mémoriser, de comprendre ce qui la concerne fait partie de l'actualisation de soi pour la personne âgée.

La facilitation des besoins

On peut être attentif aux besoins exprimés par la personne âgée dans le but de l'aider à les combler de manière à favoriser sa santé mentale.

En ce qui concerne les besoins d'alimentation, on peut suggérer des petits repas fréquents, favoriser la découverte d'une alimentation plus saine, le choix d'aliments mieux adaptés. Pour ce qui est des temps de repos, il faut suggérer de les répartir en fonction de la récupération des énergies. Enfin, on doit aider à rechercher tout ce qui peut améliorer le confort physique de la personne. L'intervenant peut inciter au mouvement régulier, quotidien, sans précipitation et maintenu au rythme de la personne âgée. Le besoin de stimulations sensorielles pourrait être comblé par des choses nouvelles à regarder, des sons, de la musique, des parfums à respirer, des objets à toucher, et cela, dans le cadre du quotidien.

Pour combler le besoin de sécurité, il sera important de conserver auprès de la personne âgée des repères environnementaux, c'est-à-dire un réveille-matin, un calendrier, la radio, des indicateurs de lieux, de dates de rendez-vous, de fournir avec patience beaucoup d'explications pour rassurer et de maintenir une routine familière. La possibilité de se déplacer dans son environnement sécurise aussi l'aîné. La sécurité émotive de la personne âgée dépend aussi, en partie, de la fiabilité de son entourage et de la confiance qu'elle peut mettre dans l'intervenant. Pour ce qui concerne l'autonomie, la prise de décision chez la personne âgée, l'intervenant peut aider en favorisant le jugement, par la présentation des diverses possibilités, des avantages et des inconvénients d'un choix, et en laissant dans la mesure du possible, la personne faire ses choix.

L'intervenant pourra favoriser le sentiment d'appartenance en permettant la présence d'objets familiers, de plantes autour de la personne âgée, de manière à rendre sa chambre ou son logement agréable et familier. La participation à un groupe choisi, de nature sociale ou religieuse, peut fournir à l'aîné l'occasion de parler de sa vie et de ses souvenirs, tout en stimulant le sentiment d'appartenance. L'intervenant veillera aussi à saluer la personne par son nom, à lui refléter sa valeur personnelle dans un comportement poli et courtois et à respecter son intimité en frappant à la porte avant d'entrer ou en l'avisant de sa visite.

Le besoin de la personne âgée de se sentir utile et de se valoriser trouvera réponse dans les occasions d'exercer sa créativité et de rendre service aux autres. Ainsi, l'intervenant restera attentif et prêt à aider la personne âgée à découvrir en elle des intérêts latents, susceptibles de l'inciter à s'impliquer auprès d'autres personnes. L'intervention au niveau de l'identification des héritages serait ici adéquate. L'aîné peut découvrir dans ce qu'il laisse aux autres, argent, biens matériels, valeurs humaines et spirituelles, une source de valorisation personnelle.

L'intervenant peut aider à combler le besoin de réalisation de soi en encourageant la soif d'apprendre, de réfléchir, en fournissant des occasions de lire, de s'informer, de discuter, et surtout en croyant que ce besoin est bien vivant chez l'aîné. La méditation, les recherches créatrices et les enseignements sont des moyens pour la personne âgée de s'actualiser. L'intervenant l'incitera donc à continuer de se réaliser et d'apprendre en lui manifestant de l'intérêt.

Monsieur Richard, 85 ans, habite avec son épouse dans leur maison familiale. Leur fille Yvette ne demeure pas très loin. Elle se demande si tous les besoins de son père sont comblés. Pour s'aider dans sa réflexion, elle utilise la grille d'analyse des besoins et de mesures d'aide et en vient à certaines conclusions (voir figure 2).

Figure 2
GRILLE D'ANALYSE DES BESOINS DES PERSONNES ÂGÉES ET DES MESURES D'AIDE

M. Richard, 85 ans

		Analyse		Facilitation (aide)
		Besoins comblés	Non comblés	
Besoins d'actualisation	Connaissance Dépassement Situations nouvelles Expression de soi	 Méditation Un peu de peinture	Continuer d'apprendre	Quelles lectures lui conviendraient ?
Besoins d'estime	Réussir Se valoriser Se sentir utile		Se sentir davantage utile	Rendre service au voisin d'en face ? Quelle forme de bénévolat lui plairait ?
Besoins d'appartenance, d'amour	Intimité	Vit avec son épouse (s'entend bien avec elle)		
	Groupe Famille Amitiés Territoire Être reconnu	 Visites de la famille À deux bons amis	Besoin de groupes d'activité ?	Un club de cartes pourront convenir
Besoins de sécurité	Autonomie Sécurité émotive Mobilité Appareils sensoriels		Panique devant des formulaires à remplir	Trouver quelqu'un pour l'aider à remplir ses formulaires
	Environnement sécuritaire	Maison bien adaptée		Trouver quelqu'un pour déneiger son entrée
Besoins physiologiques	Stimulations sensorielles Mouvement		Plus d'exercices	Lui conseiller de marcher plus régulièrement
	Confort Repos Alimentation		Plus de confort	Achat de couvertures de laine supplémentaires

À votre tour, pouvez-vous remplir la grille ci-après pour une personne âgée que vous connaissez ? Que vous enseigne cette grille ?

	Analyse		Facilitation (aide)
	Besoins comblés	Non comblés	
BESOINS D'ACTUALISATION			
BESOINS D'ESTIME			
BESOINS D'APPARTENANCE, D'AMOUR			
BESOINS DE SÉCURITÉ			
BESOINS PHYSIOLOGIQUES			

Cette sensibilisation aux besoins des aînés peut révéler que souvent nos préoccupations se concentrent sur les besoins physiologiques et les besoins de sécurité. Certes, le confort, l'alimentation, l'exercice physique régulier, la sécurité sous toutes ses formes demeurent des aspects existentiels importants. Mais nous arrive-t-il de nous inquiéter du besoin d'être utile ou du besoin d'apprendre de nos aînés ?

Références

ANGYAL, A. (1941). *Foundations for a Science of Personality*. New York, Commonwealth Find.

GOLDSTEIN, K. (1947). *Human Nature in the Light of Psychopathology*. Boston, Harvard University Press.

LINTON, R. (1965). *Le fondement culturel de la personnalité*. Paris, Dunod.

MASLOW, A. (1954). *Motivation and Personality*. New York, Harper et Brothers.

NUTTIN, J. (1965). *La structure de la personnalité*. Paris, PUF.

PLOUFFE, L. et L. PLAMONDON (1989). *Sexualité et vieillissement*. Montréal, Méridien.

REVILLA, M. (1980). « Une conception intégrée des besoins », *L'infirmière canadienne*, mars, p. 18-19.

SAINT-ARNAUD, Y. (1974). *La personne humaine*. Montréal, CIM.

WILSON, H.S. et C.R. KNEISL (1982). *Soins infirmiers psychiatriques*. Montréal, Le Renouveau pédagogique.

Chapitre 6
L'ADAPTATION AUX CHANGEMENTS ET AUX PERTES

La vieillesse ne se résume pas à la somme de ses changements
mais à la manière dont chacun d'entre nous s'y confronte.
Yves Gineste, *Humanitude*

Nous ne pourrons éviter le changement, ni au cours de notre vie adulte ni durant notre vieillesse. Notre façon de nous y adapter déterminera, dans une certaine mesure, notre degré de bien-être personnel et même dans certains cas, notre survie. Ce chapitre nous permettra de comprendre certains concepts associés à l'adaptation aux changements et aux pertes. Lorsque les événements se bousculent dans notre vie, faisant place à des transformations intérieures et extérieures, ils portent le nom de transitions ou de crises et entraînent du stress et des réactions d'adaptation chez toutes les personnes, y compris les aînés. De plus, certains éléments reliés à la vieillesse peuvent devenir des facteurs de stress et provoquer des crises existentielles. Saisir la dynamique d'une transition permet de mieux réagir au changement et de rester davantage en possession de ses moyens, malgré les bouleversements.

Début de la démarche

Pour faciliter la compréhension de ce chapitre, faites l'exercice suivant.

Décrivez un événement récent qui a affecté votre vie.

Quels changements intérieurs (réactions psychologiques, façons de voir les choses) et extérieurs (environnement, famille, amis) cet événement a-t-il provoqués en vous ?

Comment avez-vous réagi au début, puis progressivement ?

Qu'est-ce qui vous a aidé le plus à franchir cette étape ?

La transition

Schlossberg (1981) définit la *transition* comme un événement ou un non-événement (un événement attendu qui ne se produit pas, par exemple, une promotion) qui occasionne un changement de perception du monde et de soi-même et qui entraîne une réorganisation de la façon de vivre. La transition est d'abord considérée sous l'angle d'une modification de l'univers psychologique d'une personne (ses perceptions, ses conceptions, sa philosophie de vie), ce qui détermine des changements au niveau plus concret de son comportement et de sa manière de vivre.

> *La naissance de son premier petit-fils a bouleversé la vie de Michel. Il devient songeur. C'est un cadeau, certes, une vie nouvelle, mais à 55 ans il s'interroge: qu'a-t-il fait de sa vie? Il a cherché à gagner beaucoup d'argent, à donner tout le confort possible à sa famille, mais il lui semble qu'il a perdu de vue sa femme et ses enfants. Ces derniers ont grandi sans lui… Bientôt il prendra sa retraite. Il aimerait se rapprocher de sa famille. Est-il trop tard? Toute cette remise en question l'affecte, lui qui a toujours pensé que la vie était logique, que son chemin, bien tracé à l'avance, le conduirait à la réussite. Il a négligé ses sentiments, son affection et ne sait plus comment leur faire une place.*

Les transitions peuvent être *existentielles*, reliées à l'existence même: ce sont alors la puberté, le mitan de la vie, la ménopause, la retraite, la vieillesse, la mort. Elles peuvent être *circonstancielles*, reliées à des événements de la vie: la naissance d'un enfant, un déménagement, une promotion, un divorce, le décès du conjoint, la maladie, l'entrée dans une institution, un changement ou une perte d'emploi, etc. Les événements d'une transition peuvent être prévus ou imprévus, ce qui fait une différence dans la capacité d'adaptation de la personne, car l'événement prévisible permet de se préparer à intégrer le changement. Toute transition amène un certain degré de stress, qui est relié à sa nature. Elle peut aussi engendrer une crise.

La crise

Une *crise* est une situation de malaise sévère, d'une durée limitée, dans laquelle les méthodes habituelles pour résoudre des problèmes ou prendre des décisions ne sont pas efficaces et où les ressources de la personne sont durement remises en question (Weiss, 1976). La personne en crise vit habituellement une expérience de désorganisation ; elle tente de résoudre son problème par tâtonnements. Une crise, en soi, est d'une durée limitée, de quelques jours à quelques semaines. Elle suit son cours normal avec ou sans intervention. Cependant, la personne qui traverse seule une crise est plus vulnérable que celle qui reçoit de l'aide et entrevoit une solution (Wilson et Kneisl, 1982).

> *Quand sa femme l'a quitté en lui laissant un mot sur la table de la cuisine, Adrien avait 69 ans. Il ne s'y attendait pas et le choc fut terrible. Pendant trois jours, il n'a pas mangé ni dormi. Il était dans une grande détresse, ne sachant que faire, à qui parler et pensant à la mort. Heureusement, son fils l'a convaincu de venir avec lui chez le médecin, qui l'a écouté et orienté vers une aide adéquate. Il a repris progressivement la maîtrise de sa vie.*

Le stress

En situation de stress, l'individu est continuellement soumis à des tensions et à des soucis (Wilson et Kneisl, 1982). La plupart des personnes savent que les événements difficiles sont porteurs de stress mais oublient que même les promotions ou les vacances entraînent un certain niveau de stress. Deux chercheurs, Holmes et Rahe (1967), ont étudié le rapport entre les changements dus aux événements de la vie et le niveau de stress des personnes qui les vivent. Leurs conclusions suggèrent un lien direct entre le stress et la maladie. En effet, ils ont coté quarante-trois changements différents, appelés unités de changement de vie (UCV), du plus stressant au moins stressant, et construit ainsi une échelle de mesure de stress.

L'échelle de Holmes et Rahe permet à une personne de repérer les événements survenus durant la dernière année de faire le total des points accordés à chaque événement et de mesurer ainsi son niveau de stress et la probabilité de maladie. Ainsi, un résultat peu élevé, 150 UCV ou moins, représente 30 % de probabilité de maladie dans les deux années suivantes. Un résultat moyennement élevé, entre 150 et 300 UCV, indique des probabilités de 50 % de maladie, et un résultat élevé, 300 UCV et plus, des probabilités de 80 % de maladie dans les deux prochaines années.

Tableau 4

ÉCHELLE DE HOLMES ET RAHE (1967)

Les événements de la vie et leur importance dans un bilan annuel du stress			
Événement	**Valeur**	**Événement**	**Valeur**
Décès du conjoint	100	Mainlevée d'une hypothèque	30
Divorce	73	Changement de responsabilité au travail	29
Séparation	65	Départ d'un enfant	29
Emprisonnement	63	Problème avec la belle-famille	29
Décès d'un membre de la famille immédiate	63	Un grand succès personnel	28
Accident ou maladie	53	Début ou arrêt du travail du conjoint	28
Mariage	50	Début ou arrêt des études	26
Perte d'un emploi	47	Changement dans les habitudes	24
Réconciliation conjugale	45	Difficultés avec le patron	23
Retraite	45	Changement d'heures de travail	20
Changement d'état de santé dans la famille	44	Changement de résidence	20
Grossesse	40	Changement d'école	20
Problèmes sexuels	39	Changement dans les loisirs	19
Arrivée d'un nouveau membre dans la famille	39	Changement dans l'activité sociale	18
Changement de situation financière	38	Changement dans les habitudes de sommeil	16
Décès d'un ami intime	37	Changement important du nombre de rencontres familiales	15
Changement d'emploi	36	Changement dans les habitudes alimentaires	15
Changement dans la fréquence des querelles avec le conjoint	35	Vacances	13
		Délits mineurs	11

Source : Adapté de T.H. Holmes et R.H. Rahe. « The Social Readjustment Rating Scale », *Journal of Psychosomatic Research*, II (août 1976), p. 213. Avec la permission des auteurs et de Pergamon Press Ltd.

300 UCV = 80 % de probabilités de maladie dans l'année qui suit.

150-299 UCV = 50 % de probabilités.

–150 UCV = 30 % de probabilités.

Cette échelle peut être utilisée de différentes façons. Elle peut servir de guide et aider à prendre une décision responsable en tenant compte des changements déjà intervenus. Elle rend la personne consciente du stress inhérent aux événements et de ses conséquences sur sa santé. Elle peut devenir un outil d'entrevue pour un intervenant, favorisant un échange approfondi sur les changements qui ont affecté une personne.

Après le décès de son conjoint (100 UCV), Maria, âgée de 72 ans, ne parvient plus à joindre les deux bouts avec ses faibles revenus (38 UCV). Elle déménage chez son fils (20 UCV), ce qui produit des changements notables dans sa routine quotidienne (24 UCV). Son fils habite un milieu tout à fait différent du sien, et ses loisirs (19 UCV), ses activités sociales (18 UCV) sont modifiés. Le quartier est bruyant et Maria a peine à s'endormir (16 UCV). De même, ses habitudes alimentaires sont chambardées (15 UCV). Un mois après son arrivée chez son fils, Maria apprend le décès de sa sœur Fernande (63 UCV), de qui elle est très proche. Avec un total dépassant 300 UCV en huit mois, il est certain que Maria est très fatiguée et de santé plus fragile. Au début de l'année suivante, Maria contracte un zona.

L'adaptation

L'adaptation est définie comme étant un processus par lequel la personne passe d'une grande préoccupation au sujet d'un changement à l'intégration de celui-ci dans sa vie (Schlossberg, 1981). C'est un processus dynamique, par lequel la personne franchit certaines étapes jusqu'à la réorganisation de sa vie avec de nouveaux plans et une nouvelle vision du monde et de soi-même. Pour Weiss (1987), l'adaptation permet de renouveler l'organisation émotionnelle et d'adopter un nouveau style de vie, davantage centré sur le présent, la recherche d'expériences intéressantes et les projets d'avenir.

Les mécanismes adaptatifs

Une adaptation réussie se caractérise par la façon dont la personne compose avec les problèmes, les transitions et les crises de la vie. Devant un choc ou un changement imprévu, le moi se protège par le recours aux mécanismes défensifs. Vaillant (1977) qualifie ces mécanismes d'« *adaptatifs* », car ils contribuent davantage à la construction de l'organisme et à sa protection dans l'adaptation à l'événement. Il leur reconnaît cinq fonctions :

1. maintenir les émotions dans des limites supportables et confortables lors des crises soudaines de la vie (par exemple, lors de la perte d'un conjoint) ;
2. rétablir un équilibre émotionnel en régularisant les pulsions et les émotions ;
3. obtenir un délai afin de maîtriser les changements qui surviennent au niveau de l'image de soi (par exemple, après une chirurgie majeure) ;

4. gérer des conflits insolubles avec des personnes, vivantes ou mortes (par exemple, la culpabilité qui suit le décès d'une personne proche, avec qui on a eu quelques conflits) ;
5. survivre à des conflits majeurs avec lucidité (par exemple, placer ses parents en résidence pour personnes âgées).

Vaillant adopte une conception positive des mécanismes de défense. Le mécanisme est adaptatif et va donc dans le sens de la souplesse, d'une défense contre des événements du présent, d'une gratification partielle, plutôt que de l'absence de gratification, et de la canalisation des sentiments. Il considère qu'une défense est pathologique lorsqu'elle est utilisée d'une manière rigide, qu'elle répond à des besoins du passé, qu'elle abolit les gratifications et qu'elle empêche l'expression des sentiments et une nouvelle canalisation de ceux-ci. Dans la mesure où un mécanisme laisse place à une possible croissance de la personne, Vaillant le considère comme sain.

Vaillant classe les mécanismes adaptatifs en quatre groupes, des moins matures aux plus matures :

1. *Les mécanismes psychotiques*. Ce sont des façons de réorganiser la réalité extérieure ou l'événement, soit par des *hallucinations*, soit par une *négation littérale* ou une *reconstruction distordue* de cette réalité, de manière à ce qu'elle satisfasse les besoins intérieurs. Les mécanismes psychotiques créent une sensation d'omnipuissance.

   Plusieurs semaines après le décès de son conjoint, Gilberte continuait de lui mettre son couvert à table, de défaire son lit et de sortir son pyjama, comme s'il n'était pas mort. Cette négation s'est poursuivie ainsi pendant des mois.

2. *Les mécanismes immatures*. Ce sont des défenses sociales, des façons de composer avec des personnes insupportables. Ce style défensif permet à celui qui l'utilise de moins ressentir la détresse émotionnelle engendrée par la présence ou la perte d'une autre personne. Ces mécanismes sont, entre autres : la *projection*, par laquelle la personne attribue ses propres sentiments à l'autre, ce qui lui permet de ne pas en porter la responsabilité ; la *fantaisie schizoïde* par laquelle la personne se réfugie dans la fantaisie pour résoudre son problème et se gratifier ; le comportement *passif-agressif*, par lequel la personne retourne contre elle-même une agression dirigée vers une autre personne ou l'exprime indirectement, d'une manière déguisée.

Grégoire accuse souvent les autres de le ridiculiser. Cependant, son entourage remarque sa tendance naturelle à rire de tout le monde (projection).

Hortense a de la difficulté à vivre la pénible réalité de sa maladie. Aussi, elle passe de longues heures à s'imaginer dans toutes sortes de situations heureuses. Cette rêverie pourtant l'isole des autres (fantaisie).

Rose et Adélard se sont chicanés, et Rose en éprouve de la rancune. Plutôt que de discuter avec Adélard, elle lui sert un menu dont elle sait qu'il ne l'appréciera pas (comportement passif-agressif).

3. *Les mécanismes névrotiques*. Ils modifient les sentiments, les émotions et les idées, et affectent davantage l'intérieur de la personne. Parmi ces mécanismes, la *formation réactionnelle*, par laquelle la personne transforme l'idée ou l'émotion inacceptables en une forme opposée et plus acceptable ; le *déplacement*, par lequel la personne sépare l'émotion de l'objet en la faisant porter sur une autre personne.

   Germain n'a jamais aimé sa belle-sœur, mais il est avec elle d'une politesse et d'une amabilité exagérées (formation réactionnelle).

   Après s'être querellé avec son voisin, Georges rentre chez lui et dispute son épouse pour des petites choses sans importance (déplacement).

4. *Les mécanismes matures*. Ceux-ci constituent des moyens adéquats et sans danger de s'adapter au changement. Ainsi, la *suppression* est une forme de sursis, elle permet de ne pas réagir à un choc. La montée des émotions est retardée parce que la situation ne s'y prête pas. Les émotions seront exprimées plus tard. À l'inverse, l'*anticipation* est la capacité de prévoir des obstacles futurs et de se faire une carapace afin de pouvoir les surmonter au cas où ils se présenteraient. L'*altruisme* est le mécanisme par lequel une personne se met au service des autres pour ne plus penser à ses propres problèmes et ainsi renforcer sa confiance en elle. De même, la *sublimation* permet à la personne de canaliser tontes ses pulsions dans un travail ou des réalisations gratifiantes. L'*humour*, enfin, permet de supporter des événements autrement intolérables ; c'est la capacité de rire de soi et de ses propres difficultés. L'humour qui détruit ne fait évidemment pas partie de cette catégorie adaptative.

   « Bon, ce n'est pas le moment de pleurer devant tous ces inconnus, j'attends d'être rentrée chez moi… » (suppression).

« Si mon mari vient à mourir avant moi, j'irai demeurer chez ma fille Line » (anticipation).

« Je crois bien que je vais donner de mon temps comme bénévole auprès de ces personnes défavorisées. Ça m'aidera à ne plus penser à Hector » (altruisme).

« J'ai développé ce passe-temps depuis le départ de mon dernier de la maison » (sublimation).

« Eh bien, mon vieux, ça aurait pu être pire ! » (humour).

Murray, Huelskoetter et O'Dricoll (1980) indiquent que les personnes âgées modifient leurs mécanismes défensifs pour réduire leur anxiété, la peur, la frustration et maintenir leur estime de soi. En voici quelques exemples :

- La *rationalisation*. En trouvant des explications logiques à ses faiblesses, l'aîné réduit l'importance de ses difficultés et conserve son estime de soi.

  Monsieur Germain trouve toujours quelques explications naturelles et logiques à ses petites erreurs, au grand déplaisir de sa femme Thérèse, qui le trouve entêté et de mauvaise foi.

- La *négation*. En rejetant les pensées négatives reliées à une difficulté et en refusant celle-ci, l'aîné essaie de maintenir son intégrité personnelle en situation de crise.

  En apprenant qu'il était atteint d'un cancer, Lionel s'est tout de suite dit que c'était sûrement une de ces erreurs de dossier et que, de toute façon, il ne se sentait pas malade.

- La *contrephobie*. L'adoption d'un comportement extrême, opposé à une peur, empêche la personne âgée de vivre sa crainte et les émotions négatives qui lui sont reliées.

  Gilberte sait bien, après son infarctus, qu'elle devrait ralentir un peu ses activités, ménager son cœur… Mais c'est comme si elle se sentait poussée à faire l'inverse, peut-être pour conjurer sa peur de la mort…

- La *rigidité*. La résistance au changement et le retrait devant certaines décisions permettent parfois à la personne âgée de continuer à se sentir maître de sa vie.

Depuis des mois, la travailleuse sociale essaie de faire accepter à madame Couture la nécessité de vendre sa maison pour s'installer dans un foyer. Elle se heurte à une grande résistance. Lors de sa dernière visite, madame Couture l'a presque mise à la porte.

- La *sublimation*. La participation à certaines activités, de manière à orienter les énergies internes, est un mécanisme efficace pour l'aîné et l'aide à maintenir sa créativité.

  Georgette a décidé de retourner à la natation, qu'elle avait abandonnée depuis le décès de son mari. Cette activité l'aide à rencontrer d'autres personnes et à ne plus penser à Émile.

- La *régression*. Le fait de concentrer ses préoccupations sur ses malaises physiques empêche parfois l'aîné de trop s'occuper de ses émotions négatives.

  Depuis son entrée en centre d'hébergement, Aline se plaint de maux de dos et de tête et demande souvent des examens médicaux qui ne révèlent rien. Après un peu d'écoute, l'infirmière rattachée au centre découvre que le véritable problème d'Aline réside dans la difficulté de s'adapter à sa nouvelle situation.

- L'*isolation*. La dissimulation des émotions négatives liées à certains événements permet à la personne âgée de mieux vivre une période difficile.

  Yvon sait qu'il est atteint d'une maladie assez grave. Cependant, il ne parle pas de ce qu'il ressent. Ses émotions demeurent cachées à ses proches. « Tout va bien », dit-il.

- Le *retrait*. En devenant de plus en plus distante ou discrète, ou en cherchant refuge dans le sommeil, la personne âgée tente de s'adapter à son manque d'énergie ou à ses problèmes de santé. Cependant, le retrait n'est pas nécessairement le meilleur mécanisme d'adaptation.

  Madame Girard ne sort plus de sa chambre depuis le décès de son époux. Son club de cartes insiste, les amies téléphonent mais rien n'y fait. Elle évite toutes les propositions de distractions, prétextant des malaises.

UNE GRILLE D'ANALYSE DE LA TRANSITION

Voici une grille d'analyse de la transition, inspirée des travaux de Schlossberg (1981), qui peut être utile à tout intervenant dans son travail auprès des personnes vivant un changement prévu ou imprévu. Il s'agit d'un certain nombre de questions susceptibles de guider les interventions.

1. *De quelle transition s'agit-il?* S'agit-il d'un changement de travail, d'un mariage, de la retraite, d'un divorce, d'un déménagement, d'une maladie grave, du décès d'une personne aimée, de la naissance d'un petit-enfant, de l'entrée au centre d'accueil, du départ des enfants, etc. ? Est considéré comme une transition ce qui entraîne des changements ou ce qui est perçu comme tel par la personne concernée.

2. *Quelles sont les caractéristiques de la transition ?*

   a) Sa *source* est-elle interne ou externe, choisie ou forcée ? Une personne peut déménager par choix ou par obligation pour ne pas perdre son emploi.

   b) Le *moment* est-il opportun pour un tel événement ? Une retraite prématurée, pour raison de santé, n'arrive pas au bon moment. Mais une retraite planifiée, qui arrive à son heure, se prend mieux.

   c) Les *sentiments* reliés à la transition sont-ils positifs ou négatifs ? Une promotion peut amener des sentiments positifs, tandis que la perte d'une personne amène des sentiments négatifs.

   d) La *durée* de cette transition est-elle permanente ou temporaire ? Certains événements sont plus faciles à accepter lorsqu'ils sont vus comme temporaires.

   e) Le *stress* atteint quel niveau à l'échelle des unités de changement de vie (UCV) ? À noter qu'une situation peut comporter plusieurs facteurs de stress. On peut aussi coter et situer dans l'échelle UCV certains événements qui n'y figurent pas au départ.

   f) Les *changements de rôle* qu'entraîne cette transition augmentent-ils ou diminuent-ils l'estime de soi ? Devenir grand-père ou grand-mère est un changement de rôle positif, divorcer en est un négatif.

3. *Quelles sont les caractéristiques de l'environnement humain et physique*, avant et après la transition ? Il faut voir dans quel état est le système de soutien interpersonnel (amis, réseau social, famille), institutionnel (services à la communauté, services

médicaux, écoles, bibliothèques, services bénévoles, etc.) et environnemental (ville ou campagne, lieu de résidence) de la personne. Ce qu'il était avant le changement et ce qu'il est maintenant.

4. *Quelles sont les caractéristiques de la personne ?*

   a) Quelle est sa *conception de son rôle sexuel*? Une femme éduquée dans un rôle traditionnel de dépendance face au mari va peut-être trouver plus difficile son veuvage. Un homme éduqué dans un rôle traditionnel de travailleur trouvera pénible de prendre sa retraite.

   b) Quel est l'état de *santé* de la personne ?

   c) Quel est son *revenu* ?

   d) Quelle est sa *compétence psychosociale* ? L'autonomie, la maturité, l'estime de soi, la capacité de réflexion et d'analyse de la personne ont un grand rôle à jouer dans son adaptation au changement.

   e) Quels sont les *mécanismes adaptatifs* utilisés par la personne ?

   f) Quelle est son *expérience* par rapport à la transition ? A-t-elle déjà vécu quelque chose de semblable ? Si oui, comment a-t-elle franchi cette étape ?

Il serait intéressant pour mieux saisir les données présentées dans ce chapitre, de visionner un film vidéo intitulé « Au bout de mon âge » et réalisé par l'Office national du film. Ce film présente un couple de personnes âgées, M. et Mme Levasseur, qui vivent des changements dramatiques, causés par la maladie et l'entrée en institution de M. Levasseur. L'application de la grille d'analyse de la transition, mentionnée ci-dessus, au vécu du couple permettra une lecture enrichissante de ce documentaire.

Parmi les transitions, nous porterons une attention particulière au relogement et au deuil, deux moments critiques qui peuvent devenir des tournants difficiles pour les personnes âgées.

Le relogement

Définition

Le relogement est un terme général qui désigne autant le déménagement dans une autre maison que l'entrée dans un centre d'accueil, dans un établissement hospitalier de soins de longue durée, le transfert d'un centre à un autre ou le changement de chambre à l'intérieur d'un même établissement. Il s'agit, pour la personne âgée, d'un déracinement et d'une relocalisation.

Bien qu'il soit difficile d'arriver à une évaluation précise, Papalia et Olds (2005) estiment à environ 6 % le nombre de personnes âgées de 65 ans et plus qui vivent dans un établissement au Canada. Les recherches actuelles se penchent sur les conséquences du relogement pour une personne âgée et sur les facteurs qui pourraient améliorer l'adaptation à cette transition.

Les conséquences

Les recherches actuelles tentent de confirmer que le relogement a des impacts négatifs sur les personnes âgées. Les études portent sur le taux de mortalité par suite d'un relogement (Vézina, Cappeliez et Landreville, 1994). Cependant, les conclusions de ces recherches ne permettent pas de soutenir de façon absolue qu'il y a des effets néfastes à ces relocalisations. Nous pouvons quand même dire que certaines personnes âgées, à cause de certains facteurs, s'adaptent mal à un changement de lieu de résidence.

Les facteurs d'adaptation

Horowitz et Schulz (1983), entre autres, ont regroupé un ensemble de facteurs qui peuvent influer sur l'adaptation lors d'une transition causée par un relogement.

La *préparation* influence de façon positive une personne âgée relogée en lui permettant de s'adapter plus rapidement et avec moins de conséquences fâcheuses.

Si la personne âgée donne son *consentement* à sa relocalisation, cette transition anticipée, décidée et choisie (source interne), aura des répercussions moins compliquées.

Plus le relogement impliquera un *degré de changement* élevé dans l'environnement physique, social et institutionnel, plus la transition aura des effets négatifs. Le changement peut être radical. Le lieu de résidence, les voisins et amis, ou l'établissement et les préposés sont alors tout à fait différents de ceux choisis à l'origine par l'aîné. Boureston et Tars (1974) ont démontré que les personnes âgées qui ont subi un changement d'environnement radical ont un taux de mortalité supérieur à celles qui n'ont pas changé d'environnement ou de milieu de vie.

Certains *traits de personnalité* semblent nécessaires à une bonne adaptation au relogement. Les personnes âgées possédant des traits de personnalité plus dynamiques ont plus de chance de s'adapter que celles qui sont davantage passives. La combativité semble nécessaire à l'adaptation, surtout dans un établissement.

Une *mauvaise santé physique* ou la présence d'un *trouble mental* seraient des indices d'éventuelles difficultés d'adaptation après un déménagement. Ainsi, une personne âgée malade, qui entre à l'urgence et se retrouve sans préparation dans une unité de soins prolongés plutôt que chez elle, a de fortes possibilités de ne pas s'adapter à son changement de résidence.

> *Antoinette, 73 ans, vivait seule dans sa maison. Elle est entrée à l'hôpital après un déclin général de sa santé et fut transférée dans un centre d'accueil sans y consentir vraiment. Elle ne cessera de parler de son retour dans sa maison jusqu'à sa mort, cinq ans plus tard.*
>
> *Alfred voit sa santé diminuer depuis quelque temps. Il a 77 ans et vit seul dans sa maison. Après réflexion, il décide de réserver sa chambre au centre d'accueil situé pas très loin de chez lui. Après avoir obtenu sa place, il se rend chaque jour au centre, déménage quelques objets et revient dormir à la maison le soir. Il entre ainsi peu à peu dans sa nouvelle chambre au centre et met finalement sa maison en vente.*

Le deuil

La perte et le deuil sont des événements dans une vie. Le deuil est un inévitable processus qui accompagne la perte d'une valeur importante (bien matériel, statut social, emploi, partie du corps, maison, pays, etc.) ou d'une personne significative. La perte provoque des réactions qui caractériseront le deuil, et même des réactions dites « difficiles » si le deuil se complique.

Les caractéristiques du vécu d'un deuil

Pour la classification des réactions au deuil, nous ferons une synthèse de Lindemann (1944) et de Régnier (1991).

Les réactions physiques

À la constatation ou à l'annonce du décès, la personne éprouvée par le deuil peut vivre des sensations physiques variées. Elle peut ainsi avoir la bouche sèche, une déglutition difficile, ressentir un serrement de la gorge, une crispation de la région épigastrique, un vide abdominal, subir des bouffées de chaleur, transpirer, avoir des palpitations, une vision brouillée, des tremblements.

Au début du deuil, les réactions se produisent par vagues qui durent de vingt minutes à une heure. Elles sont caractérisées par des respirations profondes, des sanglots et gémissements, une absence de force musculaire, la perte de l'appétit et une sensation d'étouffement. Ces réactions peuvent être accompagnées de troubles digestifs, de diarrhée, d'hypersensibilité au bruit, de céphalées, d'un manque d'énergie et d'hypertension.

Les sentiments

Lindemann décrit les sentiments de culpabilité qui habitent l'endeuillé comme une auto-accusation de négligence, une exagération de l'importance des pensées, émotions et actions négatives infligées à la personne décédée et la conviction d'avoir déçu le disparu. « Si seulement j'avais fait cela. » « J'ai été impatient, méchant avec elle. » « Je ne l'ai pas assez aimée. » Telle est l'expression de la culpabilité de la personne en deuil.

Irritabilité et colère face aux autres, sentiment d'être loin des autres, tentative de contrôler cette hostilité par un comportement rigide dans les relations interpersonnelles, ce sont là des émotions fréquemment ressenties par la personne en deuil. Parfois, le ressentiment est dirigé vers le défunt d'une manière irrationnelle. « Tu n'avais pas le droit de partir. » « Je t'en veux d'être tombé malade. »

Les chercheurs qui se sont intéressés aux manifestations affectives reliées au deuil ont relevé, chez certaines personnes, le désir plus ou moins conscient de retrouver la personne décédée. Régnier parle de l'aspiration diffuse à récupérer l'objet d'attachement perdu, qui s'accompagne souvent de la sensation de sa présence physique. Pour Lindemann, la personne endeuillée est préoccupée par l'image de la personne décédée qui, semblable au rêve éveillé, procure une sensation d'irréalité. Parfois, la personne en deuil pense reconnaître le défunt dans son environnement et peut éprouver, en même temps, la peur de devenir fou. Le deuil se résorbe quand ce désir de retrouver la personne disparue fait place à une intériorisation de sa présence par le souvenir ou la communication intérieure. La personne décédée devient ainsi une amie qui nous accompagne intérieurement.

Les personnes en deuil peuvent ressentir des sentiments ambivalents d'amour et de ressentiment, de peine et de soulagement, d'insécurité affective et d'aisance financière, de colère envers le défunt et d'auto-accusation. Ces sentiments sont normaux mais demandent d'être clarifiés, afin d'éliminer la confusion et de libérer la personne en deuil de sa culpabilité.

Les réactions cognitives

Plusieurs personnes en deuil font l'expérience de pertes de concentration et de mémoire, et d'une désorientation spatiotemporelle. C'est un état de confusion modérée et temporaire. Il ne devrait pas persister.

Certaines personnes continuent parfois, au début du deuil, de parler au disparu, de lui mettre la table, de lui demander son avis. Cette réaction cognitive peut aussi comporter des hallucinations visuelles et auditives, le fait de voir et d'entendre la personne décédée faisant partie de l'adaptation à la perte.

Les réactions comportementales

Ces réactions peuvent se manifester par l'inhabileté à entreprendre ou à maintenir des activités organisées, celles-ci étant réalisées au prix d'un gros effort. De plus, les activités autrefois accomplies avec le disparu perdent de leur signification et n'attirent plus la personne en deuil. Ayant perdu le goût de vivre, la personne qui reste peut devenir dépendante à l'égard des personnes stimulantes et dynamiques.

Chez certains, la réaction comportementale se traduit par une difficulté à rester en place, cette suractivité physique ou mentale s'accompagnant d'une difficulté à se reposer. Pour d'autres, c'est le manque d'efforts et d'entrain, alors qu'ils accomplissent les activités quotidiennes sans intérêt et tournent en rond dans l'ennui et le vide émotif causés par la perte.

Souvent la personne en deuil se retire, pendant un certain temps, de ses activités sociales et de ses communications avec les autres, dans le but de mieux assimiler les émotions entourant la perte. C'est une réaction normale au début du deuil.

Sous une forme modérée, ce mécanisme de défense qui consiste à éviter tout ce qui rappelle la personne décédée et sa mort, est considéré comme normal au début d'un deuil. S'il se prolonge et prend une forme exagérée, il peut devenir phobique et signe d'un deuil compliqué.

Toutes ces réactions accompagnent des aspects du vécu d'un deuil, sont temporaires et traduisent l'effort que fait la personne pour s'adapter à la perte d'un être cher. Rappelons aussi qu'elles ne sont pas toutes obligatoirement vécues par toutes les personnes en deuil, ni avec la même intensité.

Les caractéristiques d'un deuil compliqué

Quand un deuil devient-il compliqué ? De prime abord, on peut juger de la complication du deuil par la persistance et l'intensification de réactions psychologiques et comportementales dites « normales ». Les chercheurs ont identifié certaines formes de deuil compliqué.

Le *deuil retardé*, par exemple, est la manifestation la plus fréquente et la plus dramatique d'un deuil compliqué. La réaction retardée est souvent celle de la personne affligée qui doit poursuivre des tâches importantes ou doit soutenir le moral de sa famille et des amis. Le chagrin ainsi refoulé pourrait être réactivé d'une manière excessive et douloureuse à l'occasion d'une autre perte ou d'un spectacle quelconque (film, accident, etc.). La personne réagit alors comme si la situation l'atteignait personnellement.

Pour sa part, le *deuil chronique* est un deuil prolongé qui ne parvient pas à une résolution satisfaisante. Il traîne alors en longueur et encombre la vie de la personne en deuil. Il se manifeste par un attachement démesuré aux objets ayant appartenu au disparu et l'incapacité de s'en séparer. La personne est consciente que le deuil se prolonge indûment, mais elle se sent incapable de le terminer. Dans certains cas, on peut même parler de momification, alors que la personne en deuil conserve les objets du défunt comme dans un musée.

Lindemann suggère un certain ensemble de réactions qu'il juge non appropriées ou révélatrices. Parmi celles-ci figurent les comportements d'un deuil compliqué, délinquant ou les symptômes de dépression. Certains éprouvent aussi une hostilité extrême à l'égard de certaines personnes (les médecins le personnel infirmier, par exemple) reliées au décès de l'être cher. D'autres s'isolent en permanence et coupent les ponts avec leurs proches. D'autres, enfin, s'agitent dans une activité excessive, sans éprouver de tristesse ou ressentent des symptômes physiques comparables à ceux que vivait le défunt avant sa mort.

Hétu (1989) emprunte à Lazare (1979) les indices d'un deuil non terminé :

1. La personne en deuil depuis un certain temps déjà manifeste de fortes réactions en parlant du défunt.

2. Des événements chez elle relativement mineurs ont pour effet de déclencher de fortes réactions de deuil.
3. Plusieurs mois après le décès, la personne en deuil se sent toujours incapable de se séparer des possessions du défunt. Dans les cas extrêmes, on parle de momification, quand ces objets ou autres photos sont rassemblés comme dans un musée et deviennent intouchables.
4. La personne en deuil a idéalisé le défunt et refuse qu'on lui trouve quelque défaut.
5. Elle a développé des symptômes semblables à ceux de la personne décédée.
6. Elle a apporté des changements rapides et radicaux dans sa vie ou elle a rompu de manière définitive avec les personnes, les lieux et les activités associés au défunt.
7. La personne en deuil a des antécédents dépressifs ou encore, elle manifestait de l'euphorie au moment du décès.
8. Elle passe par des états dépressifs à la même période chaque année, ce qu'elle ne vivait pas avant le décès.
9. Elle a développé une phobie de la maladie dont l'être cher est décédé ou des lieux et des réalités associés à la mort de la personne.

La présence isolée de l'un ou l'autre de ces indices ne suffit pas pour conclure à la présence d'un deuil compliqué. C'est seulement lorsque ces indices persistent plusieurs années après le décès que l'on peut admettre une telle conclusion.

Les étapes de résolution du deuil

Le deuil est un processus qui se déroule selon certaines étapes prévisibles. Cependant, ces étapes peuvent se présenter dans un ordre et avec une intensité variant selon les personnalités.

Hopson et Adams (1977) ont identifié sept étapes de deuil, qui ont été reprises par Brammer et Abrego (1981).

1. *Le choc.* Il se manifeste à l'annonce du décès et se traduit souvent par un état d'engourdissement émotif et de désorientation cognitive.
2. *Le déni.* La négation de l'événement est un mécanisme de défense qui permet à la personne affectée de s'ajuster graduellement à la perte. Cependant, il faut vérifier si la réaction se prolonge et maintient la personne hors de la réalité des émotions et du chagrin de la perte.

3. *La dépression.* C'est l'étape où les sentiments sont vécus plus en profondeur. La colère la tristesse, la culpabilité, l'hostilité et toute la gamme des réactions normales, face à la perte, prennent place dans la vie émotive de la personne en deuil.
4. *Le « lâcher-prise ».* La personne en deuil reconnaît la nature de son expérience et commence graduellement à tourner la page pour envisager de nouvelles options dans sa vie.
5. *Le test de nouvelles options.* La personne explore de nouvelles relations, se prépare une nouvelle carrière ou envisage un déménagement dans une autre région, etc.
6. *La recherche de signification.* Avec un certain recul, la personne peut rechercher la signification de l'événement dans sa vie, ce qu'elle a appris par ce changement, et en tirer des aspects positifs.
7. *L'intégration.* Les nouveaux choix, les valeurs modifiées, les options réévaluées deviennent maintenant partie intégrante de la nouvelle vie de la personne. La transition est terminée et la vie reprend son cours normal.

Les éléments aidant à résoudre le deuil

Régnier (1991) suggère divers facteurs qui peuvent aider à se remettre de la perte d'un être cher.

Il semble, d'abord, qu'accepter la perte, tout en manifestant son chagrin, facilite l'apaisement et l'apparition de nouvelles perspectives. C'est un premier pas important, qui demande un certain temps.

La participation aux rituels funéraires permet aussi l'expression de sa peine et la reconnaissance de la perte. Nous assistons malheureusement, aujourd'hui, à un phénomène accentué de déni social de la mort. Les rites funéraires sont diminués et restreints à leur plus simple expression. Pourtant, ces rites et coutumes ont fait leurs preuves comme moyens pour faciliter le passage de l'épreuve et permettre à la personne en deuil de manifester son émotion et d'être consolée par les autres.

Le fait de parler, de pleurer, de crier, de manifester sa révolte n'est pas un signe de maladie. Cependant, les réactions émotives peuvent varier d'une personne à l'autre. Et il est nécessaire de vivre l'expérience du chagrin, qui débouche sur un temps plus paisible et plus constructif.

La période de deuil n'est pas le moment idéal pour modifier brusquement son mode de vie. À moins que la situation ne l'exige, il est préférable d'attendre pour effectuer des changements majeurs tels que la vente de la maison, un déménagement, le remariage, un changement d'emploi, etc.

La présence d'amis, de personnes capables de supporter le chagrin sans chercher à le rationaliser constitue un appui important lors du deuil. La présence des enfants ou des petits-enfants contribue aussi à garder la personne en contact avec des activités saines et réconfortantes.

Les personnes en deuil peuvent également puiser force et courage dans leur foi et leurs croyances religieuses pour traverser les difficultés de la séparation. Et il y a les loisirs et le travail, qui constituent aussi d'excellents moyens d'atténuer la peine et d'investir ailleurs que dans la souffrance et la perte. Enfin, il ne faut pas oublier que le temps est un grand médecin.

Les critères d'un deuil résolu

Quelles sont les indications qu'une personne est prête à vivre autre chose que sa perte ? Que son deuil est en bonne voie de résolution ?

La personne accepte la perte ou semble prête à l'accepter. Cette attitude apparaît assez tôt dans la période qui suit la perte et démontre une bonne capacité de passer au travers de l'épreuve.

Elle s'accompagne d'un désir très net de s'en sortir. La personne en deuil ressent sa douleur, se sent désorganisée, mais veut dépasser sa peine et continuer de vivre malgré la perte. Graduellement, le souvenir de la personne décédée s'intériorise dans le cœur et la pensée de l'endeuillé, et une nouvelle vie commence, avec des buts et des investissements affectifs et sociaux aussi significatifs qu'avant.

Ces critères sont des indices globaux de la résolution du deuil. Chacun vit le processus à sa manière, et il arrive parfois qu'une perte qui n'est pas complètement résolue n'affecte pas le fonctionnement et la qualité de vie de la personne en deuil.

Les facteurs de stress associés au vieillissement

Le deuil et le relogement sont donc des transitions. D'autres situations peuvent provoquer des réactions psychologiques par l'effort d'adaptation qu'elles exigent

Facteurs de stress associé aux vieillissements

de la personne âgée. Selon Wilson et Kneisl (1982), certains éléments viennent perturber la personne âgée et deviennent pour elle des facteurs de stress.

La *peur de vieillir*, par exemple, devient particulièrement forte quand les personnes âgées voient leurs semblables malades, se détériorer et mourir dans des conditions pénibles. Elles ont peur de se trouver seules au moment de la mort, de souffrir longtemps ou de devenir inconscientes. Cette peur entraîne souvent l'isolement, le refus des contacts avec les plus âgés ou les malades, et une forme de ségrégation entre plus vieux et moins vieux, plus malades et moins malades.

> *Adrienne vit avec son frère Edmond. La peur de la maladie et de la mort la préoccupe à un point tel qu'elle ne lit plus les journaux, sous prétexte qu'elle pourrait y lire des histoires de « vieilles malades ». Elle ne téléphone plus à ses anciennes amies, qui sont plus âgées qu'elle et, selon ses dires, « moitié mortes ». Quand le téléphone sonne, elle laisse Edmond répondre, de crainte que ça soit une mauvaise nouvelle...*

La plupart des personnes âgées disent qu'elles ne se sentent pas plus seules que durant leur jeunesse (Harris, 1975). La *solitude* n'est pas reliée d'une manière spéciale à l'âge mais fait partie de l'existence humaine. Durant les phases de stress ou de pertes, on se plaint plus facilement de solitude. Ceux qui ont un pauvre état de santé, qui sont éloignés des centres et n'ont pas de moyens de transport adéquats ou qui sont insatisfaits de leur logement sont davantage marqués par la solitude.

Ce sont les *pertes successives et fréquentes* qui viennent drainer l'énergie et la capacité de réadaptation des personnes âgées, et non une perte unique qui survient de manière prévisible à un moment donné de la vieillesse. Les pertes reliées au vieillissement sont celles du conjoint, de pairs, d'amis, de parents ; elles sont reliées à la santé, au logement, au rôle social (cas du travailleur), au permis de conduire ; et il y a les pertes sensorielles, de mobilité, de possessions matérielles, de revenus, d'animaux familiers, etc.

> *Sébastienne a vécu une succession de pertes qui l'ont beaucoup affectée. Au mois de mars dernier, sa sœur est décédée d'un arrêt cardiaque. Peu après Sébastienne a elle-même été hospitalisée pour un problème dans une jambe, qui l'empêche encore de se déplacer et d'accomplir comme avant toutes ses activités. Elle est donc restreinte à son logement, voit moins de personnes et brasse des idées noires. Elle se sent seule.*

La vieillesse est une période de la vie qui doit être investie d'une signification et d'une valeur. Certaines personnes âgées se sentent inutiles et ne trouvent plus de *sens valable* à leur vie ; elles se sentent indésirables et veulent mourir. L'intervention pour les aider à maintenir le sens de la vie est délicate. On ne peut donner aux autres son propre sens de la vie, mais on peut les aider à trouver ce qui les motive pour continuer à vivre jusqu'au bout. Aider la personne à passer en revue sa vie et à reconnaître ce qu'elle laisse en héritage peut lui permettre de trouver un sens au reste de sa vie.

> *Après son entrée en centre d'hébergement, il semblait à Siméon que sa vie était devenue inutile et que, plus vite il passerait dans « l'autre monde », mieux cela vaudrait. Cependant, les visites régulières d'un bénévole l'ont fait changer d'idée. Il s'est mis à s'intéresser à cette personne, à apprécier ses visites, à lire le journal pour avoir de bons sujets d'échange et même à lui préparer un petit cadeau fabriqué de ses mains. Siméon a repris goût à la vie et s'implique davantage dans son centre auprès des autres.*

La *maladie* et la détérioration de la santé durant la vieillesse confrontent la personne avec sa propre vulnérabilité. Pour certains, c'est le premier contact avec la faiblesse, et ceux qui ont misé sur un corps en forme toute leur vie sont déçus et amers. La détérioration de la santé peut provoquer des réactions émotives semblables à celles éprouvées lors d'un deuil.

Une détérioration physique visible, qui a des impacts émotionnels et psychologiques, devient un *stigmate* pour la personne âgée dans une société qui mise beaucoup sur l'apparence corporelle et juge parfois de la qualité d'un être à la beauté ou à la laideur de son corps. La personne âgée édentée, laide ou déformée, paralysée, qui sent mauvais, qui souffre d'obésité, d'hypersécrétion de la salive, ou qui porte d'autres sortes de stigmate peut provoquer de la répulsion chez les autres et vivre de l'isolement. Tout en créant une barrière sociale, le stigmate a pour conséquence une baisse de l'estime de soi. La première étape de l'intervention dans ce cas, est de passer par-dessus nos propres répulsions, ce qui permettra de mieux aborder la personne âgée. Ensuite, en procurant à la personne des soins corporels appropriés, l'intervenant peut l'aider à améliorer son estime de soi et contribuer à la libérer de son isolement social.

La *sexualité* peut aussi engendrer le stress. Des facteurs culturels, comme les médias, qui relient jeunesse et sexualité, ou les attitudes de la famille envers l'expression sexuelle de la personne âgée donnent à celle-ci l'impression qu'elle n'a pas droit à l'exercice de sa sexualité. Plusieurs personnes, jeunes et vieilles, nient l'existence de besoins sexuels durant la vieillesse. Même si l'intensité du désir et la capacité sexuelle diminuent avec les années, les personnes âgées en bonne santé peuvent exprimer leur sexualité jusqu'à la fin de leurs jours.

La section concernant le *relogement* a démontré l'importance de préparer et de consulter les personnes âgées qui doivent être déplacées. Une relocalisation sans préparation valable et sans leur consentement, affecte de manière négative les personnes âgées, particulièrement sur le plan de l'adaptation au nouvel environnement.

Les attitudes négatives face à la vieillesse, la peur de vieillir, la frustration et la fatigue d'un intervenant peuvent entraîner des *abus* dans les soins aux aînés, particulièrement les plus faibles et les plus dépendants, dont les femmes âgées. Les personnes victimes de ces mauvais traitements sont le plus souvent isolées et évitent de se plaindre par peur de représailles de la part de l'abuseur, par crainte que la situation ne devienne plus pénible, par loyauté envers l'abuseur (fils ou fille), parce qu'elles croient qu'elles méritent ce traitement, ou par incapacité de contacter quelqu'un qui puisse les aider.

Les abus se retrouvent à quatre niveaux (Hétu, 1988) :

1. Le *niveau physique*. C'est le manque de soins physiques et médicaux, l'abus ou le manque de médicaments, une alimentation et une hydratation insuffisante, des coups, des blessures et des brûlures, l'agression sexuelle et l'immobilisation injustifiée.
2. Le *niveau psychologique*. Ici, l'abuseur humilie, blâme, fait honte, culpabilise, intimide, ridiculise et infantilise ; il menace d'isoler ou de placer la personne en établissement ; il crie ou jure après la personne, la harcèle, lui fournit de fausses informations et décide pour elle.
3. Le *niveau social*. À ce niveau, la personne est isolée, privée de contacts sociaux, privée d'intimité, privée d'activités ou forcée à faire des activités trop difficiles pour elle, etc.
4. Le *niveau matériel*. L'abuseur encaisse ses chèques de pension, vole son argent ou ses possessions, lui demande des frais excessifs pour certains services rendus, vend sa propriété et ses biens sans sa permission, lui vend des biens et des services qui ne lui conviennent pas.

Les résultats d'une enquête nationale (Podnieks *et al.*, 1990) effectuée auprès de 2 000 aînés vivant à domicile, mentionnent que 4 % d'entre eux seraient victimes de mauvais traitements de la part d'un membre de leur famille ou d'un ami. Selon cette étude, l'exploitation financière des aînés serait la forme d'abus la plus répandue suivie par la violence verbale chronique. Les mauvais traitements physiques semblent moins fréquents. Santé Canada (1996), pour sa part, estime qu'entre 4 % et 15 % d'aînés pourraient souffrir de mauvais traitements, spécialement les personnes fragiles, confuses mentalement et socialement isolées.

Les nombreuses recherches sur le sujet n'ont pu cerner précisément les causes de ce phénomène. Un ensemble de facteurs interreliés peuvent cependant favoriser la présence d'abus chez les aînés (*La réalité des aînés québécois*, 2001). Il s'agit des :

1. facteurs liés à la personne : son état de santé et son niveau de dépendance ;
2. facteurs liés à la violence familiale : un modèle transmis de génération en génération et qui est vu comme normal ;
3. facteurs liés à l'environnement : un revenu insuffisant, un logement inadéquat, l'isolement ou la promiscuité ;
4. facteurs liés à la génération des aînés : incapable de se plaindre, de dénoncer un proche par peur de représailles, vivant des sentiments de culpabilité ;
5. facteurs liés aux stéréotypes : les préjugés, l'âgisme, l'infantilisation et toutes les attitudes discriminatoires envers les aînés.

Peu de recherches canadiennes ont été faites sur la violence faite aux aînés en centre d'hébergement mais le Conseil Consultatif National du Troisième Âge (1999) affirme que, outre la violence verbale et physique, les mauvais traitements en institution comprendraient l'emploi injustifié de contentions chimiques (utilisation abusive de sédatifs) et physiques (les chaises gériatriques) pour mettre fin à des comportements dérangeants.

La personne âgée est victime d'*infantilisation*, un autre stresseur, quand on la tutoie sans sa permission, qu'on emploie un diminutif ou un surnom pour la désigner. L'utilisation d'un langage enfantin pour communiquer avec l'aîné révèle cette tendance à ne pas le considérer comme un adulte à part entière (« mets ta p'tite bavette » « as-tu fait un beau dodo ? » « viens, on va manger de la bonne p'tite soupe »). Dans la même veine, considérer les personnes âgées que l'on aide comme des possessions (« mes vieux », « ma p'tite madame du 17 ») donne l'impression qu'elles ne possèdent pas tous leurs moyens. L'infantilisation se retrouve aussi dans l'attitude de l'intervenant qui agit ou décide à la place de la personne âgée dans les situations où celle-ci pourrait le faire elle-même.

Ainsi, l'infantilisation mine l'image de la valeur personnelle de l'aîné et son sentiment d'estime de soi, à une période où les pertes le rendent vulnérable.

Les transitions et les crises sont autant de passages qui façonnent l'être humain. Pour être sources de croissance, ces temps de changement sont soumis à certaines conditions. Bien sûr, la bonne santé physique et mentale, la préparation à l'événement et le type de personnalité font partie des facteurs qui favorisent l'aboutissement positif d'une transition.

Cependant, la disponibilité des ressources intérieures et extérieures apparaît comme un élément primordial. Lors de moments difficiles, la foi et les croyances religieuses d'une personne lui procurent un appui indéniable. Souvent, ces personnes en témoignent personnellement après une épreuve. De même, une personne qui sait écouter et réconforter demeure une ressource importante. Pour traverser les obstacles et en sortir grandie, la personne âgée a autant besoin que tout autre être humain de compréhension et de gestes d'entraide et de solidarité.

Références

BOURESTON, N. et S. TARS (1974). « Alterations in life patterns following nursing home relocation », *The Gerontologist*, 14, p. 506-510.

BRAMMER, L.M. et P.J. ABREGO (1981). « Intervention Strategies for Coping with Transitions », *The Counseling Psychologist*, 9, 2, p. 19-35.

CONSEIL DES AÎNÉS (2001). *La réalité des aînés québécois*. Sainte-Foy, Les Publications du Québec.

HARKIS, L. *et al.* (1975). *The Myth and Reality of Aging in America*. Washington (D.C.), National Council on Aging.

HÉTU, J.-L. (1988). *Psychologie du vieillissement*. Montréal, Méridien.

HÉTU, J.-L. (1989). *Psychologie du mourir et du deuil*. Montréal, Méridien.

HOLMES, T.H. et R.H. RAHE (1967). « The Social Readjustment Rating Scale », *Journal of Psychosomatic Research*, 11, p. 213-218.

HOPSON, B. et J. ADAMS (1977). « Toward an understanding of transition : Defining some boundaries of transition », dans J. ADAMS et B. HOPSON (éd.) *Transition : Understanding and Managing Personal Change*. Montclair, Allenhald and Osmund.

HOROWITZ, M.S. et R. SCHULZ (1983). « The relocation controversy : Criticism and commentary on five recent studies », *The Gerontologist*, 23, p. 229-234.

LAZARE, A. (1979). « Unresolved grief », dans A. LAZARE (éd.) *Outpatient Psychiatry : Diagnosis and Treatment*. Baltimore, Williams et Wilkins.

LINDEMANN, E. (1944). « Symptomatology and management of acute grief », *American Journal of Psychiatry*, 101, p. 141-148.

MURRAY, D. et O'DRISCOLL R., M.M. HUELSKOETTER (1980). *The Nursing Process in Later Maturity*. New Jersey, Prentice Hall.

PAPALIA, D. E. et S. W. OLDS (2005). *Psychologie du développement humain*. Laval, Beauchemin.

PODNIEKS, E. (1990). *Une enquête nationale sur le mauvais traitement des personnes âgées au Canada : L'étude Ryerson*. Toronto, Ryerson Polytechnical Institute.

RÉGNIER, R. (1991). *La perte d'un être cher*. Montréal, Les Éditions Quebecor.

SANTÉ CANADA (1996). *Info Échange pour les aîné(e)s*. Ottawa, Gouvernement du Canada.

SCHLOSSBERG, N.K. (1981). « A Model for Analyzing Human Adaptation to Transition », *The Counseling Psychologist*, 9, 2, p. 2-19.

VAILLANT, G.E. (1977). *Adaptation to Life*. Boston : Little Brown.

VEZINA, J., P. CAPPELIEZ et P. LANDREVILLE (1994). *Psychologie gérontologique*. Montréal, Gaëtan Morin Éditeur.

WEISS, R.S. (1976). « Transition States and other stressful situations : Their nature and programs for their management », dans G. CAPLAN et M. KILLILEA (éd.) *Support Systems and Mutual Help : Multidisciplinary Explorations*. New York, Grune et Stratton.

WEISS, R.S. (1987). « Recovery from bereavement : Findings and issues », dans J.A. STEINBERG et M.M. SILVERMAN (éd.) *Preventing Mental Disorders*. Rockville, DHHS Publication.

WILSON, H.S. et C.R. KNEISL (1982). *Soins infirmiers psychiatriques*. Montréal, Le Renouveau pédagogique.

Chapitre 7
LA SEXUALITÉ ET LE VIEILLISSEMENT

La plus triste hélas, de toutes les vieillesses,
c'est la vieillesse de l'amour.

Jules Barbey d'Aurevilly, *Pensées détachées*

La vie sexuelle des aînés est souvent l'objet d'une ignorance et de préjugés de la part de la société en général. C'est un sujet qui occasionne des propos ridiculisants et des rires à peine voilés. Une émission d'humour élaborait toute une farce sur une publicité de condoms dont le scénario impliquait, dans le rôle de séductrice auprès d'un jeune homme, une femme âgée grotesque et peu attirante.

Pourtant la sexualité humaine demeure, peu importe l'âge, la manifestation de l'amour et de la tendresse des êtres. En cela, elle mériterait bien d'être reconnue dans sa réalité et respectée.

Début de la démarche

La sexualité des personnes âgées, vous connaissez?

Répondez au questionnaire suivant par « V» si vous croyez l'énoncé vrai, par « F», si vous pensez qu'il est faux et par « ?» si vous ne savez pas la réponse. Le corrigé suit immédiatement les énoncés et le chapitre fournit des explications. Essayez de voir comment votre manque de connaissances, s'il y a lieu, a pu influencer vos attitudes face aux personnes âgées de votre entourage (et peut-être face à votre propre vieillissement).

1. L'homme âgé prend généralement plus de temps qu'un homme plus jeune pour avoir une érection, et celle-ci est moins ferme. ________
2. Les relations sexuelles augmentent les risques d'infarctus chez les gens âgés. ________
3. La femme âgée peut trouver les relations sexuelles plus douloureuses parce que la lubrification vaginale est moins abondante et les tissus vaginaux moins élastiques. ________

4. La majorité des hommes de plus de 70 ans sont incapables d'avoir des rapports sexuels. ______
5. Les médicaments n'ont aucun effet sur les pulsions sexuelles. ______
6. L'impuissance est une conséquence inévitable de la vieillesse. ______
7. Les gens qui sont sexuellement actifs durant leur jeunesse ont plus de chances de l'être aussi durant leur vieillesse. ______
8. La majorité des femmes âgées n'ont plus de réactions sexuelles. ______
9. L'homme âgé maintient ses érections plus longtemps. ______
10. La raison la plus fréquente de la baisse dans les relations sexuelles d'un couple âgé est le manque de désir de la femme. ______
11. Les sédatifs, l'alcool, l'abus de nourriture diminuent la réponse sexuelle. ______
12. L'usage d'aphrodisiaques, comme des œufs ou des toniques à base de ginseng, peut favoriser la stimulation sexuelle. ______
13. Ce sont plus souvent des raisons psychologiques ou sociales qui amènent les personnes âgées à réduire leurs activités sexuelles. ______
14. La femme ménopausée éprouve beaucoup moins de désirs et de satisfactions sexuels. ______
15. À moins d'une maladie grave, l'homme et la femme peuvent maintenir leur intérêt et poursuivre leurs activités sexuelles jusqu'à un âge très avancé. ______

Adaptation de Papalia et Olds (1989).

Corrigé: 1. V; 2. F; 3. V; 4. F; 5. F; 6. F; 7. V; 8. F; 9. V; 10. F; 11. V; 12. F; 13. V; 14. F; 15.V.

Vieillissement et réponse sexuelle

Selon Masters et Johnson (1966, 1970, 1992), le vieillissement n'implique pas nécessairement la perte de l'activité sexuelle. La sexualité féminine ne connaît pas de limites d'âge. Pour ce qui est de l'homme, dans des conditions physiques et émotives appropriées, celui-ci conserve assez fréquemment sa capacité sexuelle, jusqu'à 80 ans et plus.

Au sujet des femmes

La ménopause survient en moyenne vers 49 ans. Seulement 10 % à 15 % des femmes sont suffisamment incommodées pour consulter un médecin, et 40 % n'ont aucun symptôme.

La réduction de l'hormone féminine œstrogène n'influence pas la pulsion ou le désir sexuel, mais occasionne la diminution de la lubrification vaginale et l'amincissement du tissu du vagin et des lèvres. Le manque de lubrification peut rendre les relations sexuelles douloureuses, inconvénient que l'on peut pallier par une crème lubrificatrice ou l'absorption d'hormones. Non seulement le désir sexuel ne diminue pas, mais il peut même s'intensifier avec la disparition du risque de grossesse et la perte des inhibitions. Aucun facteur physiologique ne diminue la pulsion sexuelle, pas plus chez la femme que chez l'homme, puisque les composantes physiques de la pulsion sont liées à la sécrétion d'androgènes par les glandes surrénales, laquelle ne peut être influencée, chez la femme, ni par la ménopause ni par l'hystérectomie.

Les femmes âgées sont donc en pleine possession de leurs capacités sexuelles et parfaitement capables d'atteindre l'orgasme. Cependant, il ne faut pas oublier la pénurie de partenaires masculins, puisqu'il y a beaucoup plus de veuves que de veufs, ce qui restreint le choix et, par le fait même, la jouissance d'une vie sexuelle régulière.

Au sujet des hommes

Masters et Johnson (1966, 1970, 1992) sont plus prudents dans leurs conclusions au sujet des hommes âgés. La santé et des conditions psychologiques saines sont des facteurs très importants dans le prolongement de la réponse sexuelle. D'après les recherches, les hommes prennent fréquemment deux ou trois fois plus de temps que les jeunes pour obtenir une érection et ils la maintiennent plus longtemps sans éjaculation. La force de l'éjaculation diminue et le délai pour l'obtention d'une seconde éjaculation après un orgasme est plus long.

Selon Masters et Johnson, il y a six facteurs qui peuvent expliquer l'affaiblissement de la réponse sexuelle, surtout chez l'homme :

1. *La monotonie des relations sexuelles.* Les couples qui pratiquent les mêmes activités sexuelles depuis des années peuvent se lasser.
2. *Les préoccupations professionnelles et économiques.* Pour beaucoup de personnes, l'âge moyen est une période de stress au travail, dans la vie professionnelle. Cette tension peut inhiber le bon fonctionnement sexuel, en particulier chez l'homme.
3. *La fatigue physique et psychique.* La fatigue peut expliquer le manque d'énergie pour les relations sexuelles.
4. *L'abus de nourriture et d'alcool.* Masters et Johnson affirment que la plupart des impuissances secondaires qui apparaissent à l'âge moyen sont reliées à l'abus d'alcool. Si l'alcool stimule le désir sexuel, l'abus cause l'inhibition des fonctions sexuelles chez l'homme. L'abus de nourriture nuit également à l'activité sexuelle.

5. *Des infirmités physiques et psychiques, aggravées par les effets secondaires des médicaments.* Bien que certains handicaps nuisent à l'activité sexuelle chez les personnes âgées, la plupart des difficultés reliées à la vieillesse sont compatibles avec cette activité. Cependant, les médecins ne mettent pas suffisamment les malades âgés au courant des effets secondaires de leur maladie ou des médicaments qu'ils prennent et qui peuvent ainsi nuire à l'activité sexuelle.
6. *La crainte de l'échec sexuel, associé à l'un ou l'autre des facteurs précédents.* Masters et Johnson soulignent que la crainte de l'échec sexuel peut entraîner l'impuissance chez l'homme. Si l'homme âgé pour quelque raison que ce soit a vécu un premier épisode d'impuissance, il peut renoncer à poursuivre son activité sexuelle par peur de nouveaux échecs. L'anxiété engendre l'impuissance et peut la rendre chronique. La présence d'une partenaire compréhensive, l'explication des causes de l'impuissance et peut-être les conseils d'un thérapeute pourront éliminer la crainte de l'échec.

Tableau 5

SYNTHÈSE MÉNOPAUSE-ANDROPAUSE

Ménopause (44-55 ans)	**Déclin hormonal**	**Symptômes physiques**	**Changements dans la réponse émotive**	**Désir sexuel**	**Réactions émotives**	**Aspects positifs**
• Arrêt des menstruations • Perte de la capacité d'engendrer • Déclin hormonal important	• Œstrogène	• Bouffées de chaleur – Vertiges, – Fatigue, – Transpiration abondante, – Lourdeurs, – etc.	• Amincissement des tissus des lèvres et du vagin • Diminution de la lubrification vaginale	• Pas de diminution	• *Mineures*: morosité, agressivité • *Majeures*: si la femme a misé beaucoup sur son rôle maternel ou sur sa beauté, la ménopause peut causer une crise en raison du départ des enfants et du vieillissement corporel	• Arrêt des menstruations • Plus grande liberté sexuelle (pas de peur d'être enceinte) • Augmentation de l'action de l'androgène = augmentation du désir sexuel

Andropause (+50 ans)	**Déclin hormonal**	**Symptômes physiques**	**Changements dans la réponse émotive**	**Désir sexuel**	**Réactions émotives**	**Aspects positifs**
• Pas de perte de la capacité d'engendrer • Pas de déclin hormonal important	• Testostérone	–	• Érection plus lente, demande plus de stimulation • Érection se maintient plus longtemps sans éjaculation • Diminution de la fréquence orgasmique • Diminution de la force de l'éjaculation	• Pas de diminution	• *Mineures*: morosité, agressivité • *Majeures*: si l'homme a misé beaucoup sur sa force physique et sa puissance sexuelle, le déclin physique peut causer dépression ou crise. Des manifestations comme une trop grande préoccupation pour la santé et la recherche d'aventures sexuelles avec de jeunes femmes (démon du midi) peuvent apparaître	• Développement de la tendresse • Découverte d'autres valeurs que celles du travail et de la performance

Préjugés et idées fausses

Le refus de la sexualité des aînés semble faire partie d'un stéréotype culturel très répandu voulant que les personnes âgées soient laides, impuissantes, malheureuses et impotentes. Les médias renforcent cette idée en présentant les « objets » sexuels les plus désirables, tels des individus jeunes, beaux et parfaits. Jeunesse égale beauté. Les personnes âgées pensent aussi qu'elles n'ont pas d'attraits et se sentent, par ailleurs, coupables de leurs désirs sexuels.

Butler et ses collaborateurs (1991) ont effectué des recherches qui révèlent que, selon les croyances populaires, les personnes âgées n'ont pas de désirs sexuels, ne pourraient pas faire l'amour même si elles le voulaient, ne sont pas attirantes physiquement ni désirables sexuellement. Les gens en général pensent aussi que le sexe chez les personnes âgées est honteux et pervers.

De même, dans une étude de Brecher (1984), une majorité de répondants âgés croient que la société considère les aînés comme des êtres asexués, ne présentant pas d'intérêts, de besoins, de désirs pour les relations sexuelles.

Vézina, Cappeliez et Landreville (1994), pour leur part, pensent que ces attitudes négatives et ces fausses croyances peuvent nuire aux personnes âgées dans l'exercice d'une activité sexuelle régulière. Les personnes âgées peuvent ainsi décider de mettre fin à leurs activités sexuelles pour se conformer à la croyance sociale que cela n'est plus de leur âge. Et les personnes qui entourent l'aîné peuvent le décourager ou lui faire des reproches concernant ses activités sexuelles. Les mythes et préjugés contribuent beaucoup à l'élaboration d'une vision négative et à une dévalorisation du vieillissement.

Rubin (1970), repris par Mishara et Riedel (1994), réfute quelques-unes des idées fausses les plus fréquemment associées à la sexualité. Ainsi :

- L'impuissance précoce n'est nullement liée à une usure sexuelle prématurée. Il n'existe aucun rapport évident entre l'exercice précoce de la vie sexuelle et la fin de celle-ci.
- La ménopause et l'hystérectomie n'entraînent pas une diminution de la satisfaction sexuelle. Au contraire, la crainte d'une grossesse étant disparue, les relations et le désir sexuels s'en trouvent améliorés.
- Ce sont rarement les hommes de 60 ans et plus qui se livrent à de l'exhibitionnisme et à des attentats à la pudeur sur les enfants. En effet, les exhibitionnistes ont rarement plus de 40 ans, la plupart d'entre eux se trouvant plutôt dans la vingtaine.
- Il n'existe pas d'aphrodisiaques. Certains produits causent des sensations étranges sur les voies urinaires mais n'augmentent pas le désir sexuel. Les seuls « aphrodisiaques » qui fonctionnent sont une bonne santé, un peu d'exercice et beaucoup de sommeil.

Pouvez-vous identifier quelques-uns de ces préjugés et idées fausses autour de vous ?

Reconnaissez-vous les vôtres propres ?

La sexualité en institution

Pour la population âgée vivant dans des centres, il n'est pas facile, pour ne pas dire impossible, d'avoir une sexualité satisfaisante, et ce, pour différentes raisons, parmi lesquelles on retrouve :

- Le manque d'intimité. « Je ne sais jamais quand quelqu'un va surgir dans ma chambre, avec un plateau, une pilule ou une bassine… et l'on ne frappe jamais avant d'entrer ! »
- Les attitudes limitatives du personnel soignant et de l'administration. (Lors d'une session de formation, des préposés ont reconnu avoir beaucoup plus de préjugés que les résidants de leur centre. Les préposés se reconnaissaient l'habitude de rire en cachette quand ils voyaient des personnes âgées s'embrasser ou se tenir la main.)
- Les horaires rigides, qui ne favorisent pas la spontanéité. L'infantilisation de la personne âgée et son manque de contrôle sur son environnement.

Si vous travaillez en institution avec des personnes âgées, pouvez-vous repérer ces difficultés ?

Comment influencent-elles la vie sexuelle des personnes âgées ?

Miller (1975) a observé que les institutions de soins à long terme pour personnes âgées optent souvent pour une des tendances suivantes :

1. L'institution peut adopter une politique de non-ingérence soumise au principe du droit individuel à la sexualité et au caractère privé des relations sexuelles.
2. L'institution peut adopter une politique de laisser-faire, ayant pour effet de décourager ou d'encourager le vécu de la sexualité.
3. L'institution peut agir conformément aux désirs et pressions des enfants des pensionnaires. Par ailleurs, les enfants d'une même famille n'ont pas tous la même attitude concernant la vie sexuelle de leur mère ou de leur père.
4. L'institution peut considérer l'expression sexuelle comme un moyen de communication important et comme une façon, pour la personne âgée, de poursuivre son épanouissement.
5. L'institution peut chercher à réglementer la vie sexuelle des personnes âgées par peur des complications et préférant croire que les personnes âgées ne sont pas supposées avoir de vie sexuelle.

Selon Kassel (1983), la personne âgée résidant dans une institution est soumise aux valeurs, jugements et mythes du personnel soignant. Par exemple, un membre du personnel qui surprend une personne âgée en train de se masturber peut réagir en la disputant comme un enfant, en la taquinant, ou lui faisant la morale. Il est donc important que l'intervenant fasse le ménage de ses propres attitudes négatives et fausses croyances pour voir comment favoriser la continuité de la vie sexuelle de la personne âgée.

Les résidants eux-mêmes peuvent avoir des attitudes limitatives sur leur propre vie sexuelle par peur des conflits entre eux, ou à cause de leur mauvaise santé physique. Les fausses croyances et préjugés qu'entretiennent les résidants âgés contribuent aussi à restreindre leurs activités sexuelles.

En somme, la poursuite de l'activité sexuelle en institution dépend des intervenants, du milieu et des résidants eux-mêmes. Il est cependant important de demeurer réaliste vis-à-vis des personnes âgées présentant des troubles mentaux ou des problèmes de santé physique pouvant entraver l'expression de leur sexualité.

En conclusion, lorsqu'on leur demande de décrire les modifications dans leurs relations amoureuses, les personnes âgées déclarent que la tendresse, les gestes et les baisers affectueux ou la simple présence physique de la personne aimée revêtent de plus en plus d'importance. Plus la vie sexuelle d'un individu a été riche et heureuse, plus elle pourra se poursuivre.

Références

BRECHER, E.M. (1984). *Love, Sex and Aging.* Boston, Little Brown.

BUTLER, R.N. *et al.* (1991). *Aging and Mental Health : Positive Psychosocial and Biomedical Approaches.* New York, Macmillan.

KASSEL, V. (1983). « Long-term care institution », dans R.B. WEG (éd.) *Sexuality in the Later Years : Roles and Behavior,* New York, Academic Press.

MASTERS, W.H. et V.E. JOHNSON (1966). *Human Sexual Responses.* Boston, Little Brown.

MASTERS, W.H. et V.E. JOHNSON (1970). *Human Sexual Inadequacy.* Boston, Little Brown.

MASTERS, W.H. et V.E. JOHNSON (1992). *Human Sexuality.* New York, Harper Collins.

MILLER, D.B. (1975). « Sexual practices and administrative policies in long-term care institution », *Journal of Long-Term Cure Administration,* 3, 3040.

MISHARA, B.L. et R.G. RIEDEL (1994). *Le vieillissement.* Paris, PUF.

RUBIN, I. (1970). *Sexual Life in the Later Years.* New York, Sex Information and Education Council of the US.

VEZINA, J., P. CAPPELIEZ et P. LANDREVILLE (1994). *Psychologie gérontologique*, Montréal, Gaëtan Morin Éditeur.

Chapitre 8
LES PROBLÈMES PSYCHOLOGIQUES

Le moi profond reste le meilleur
des masques antirides.
Marcel Proust

Au cours de la vieillesse, toute personne peut éprouver des difficultés psychologiques causées par différents facteurs. Voir dans certains symptômes des indications d'un malaise plus profond amène les proches à consulter un professionnel de la santé, avec la personne âgée si nécessaire. La démence, le processus confusionnel, la dépression, l'hypocondrie et le suicide sont des problématiques répandues dans la population vieillissante. Nous les étudierons au cours de ce chapitre.

Début de la démarche

Connaissez-vous une personne âgée qui a vécu, selon vous, un des problèmes énumérés ci-dessus ? Comment s'est présenté le problème ? Décrivez les symptômes. Quelles formes d'aide avez-vous pu apporter ?

La démence

Les troubles cognitifs représentent un problème important de santé mentale chez les aînés. Certains troubles cognitifs sont temporaires, le processus confusionnel nommé aussi le délire en est un. D'autres, sont irréversibles comme la maladie d'Alzheimer et autres démences connexes.

La maladie d'Alzheimer est la forme la plus courante de la démence. Elle est responsable d'environ 64 % de tous les cas de démence. Selon la Société Alzheimer Canada (2006), environ 290 000 Canadiens âgés de 65 ans et plus sont atteints de la maladie d'Alzheimer. Selon l'ISQ (2000), environ 8,5 % des aînés québécois seraient atteints de cette forme de démence en 2006 et le taux augmentera de façon inquiétante dans les 40 prochaines années, passant de 8,5 % à 11,7 % si nous ne trouvons pas le remède d'ici-là. L'aspect héréditaire de la maladie et l'âge avancé sont deux facteurs de risque connus. (Conseil des aînés, 2001).

La démence de type Alzheimer se caractérise par une détérioration cognitive et progressive des diverses fonctions dont la mémoire et les fonctions exécutives (DSM-IV, 2000). La maladie évolue en moyenne entre 7 et 10 ans et s'accompagne de certains troubles comportementaux comme une baisse des activités et de l'irritabilité.

CRITÈRES DIAGNOSTIQUES DE LA DÉMENCE DE TYPE ALZHEIMER SELON LE DSM-IV, 2000

1. Déficits cognitifs multiples incluant la mémoire et au moins l'un des quatre déficits suivants : aphasie (perturbation du langage), apraxie (incapacité d'exercer des activités motrices), agnosie (incapacité de reconnaître des objets) et fonctions exécutives (altération de la pensée abstraite, du jugement et de la planification)
2. Déficits suffisamment graves pour influer sur les activités quotidiennes ; ils constituent un déclin significatif par rapport au fonctionnement antérieur de la personne
3. Début insidieux et déclin progressif
4. Déficits cognitifs qui ne sont pas dus à d'autres maladies du système nerveux central ou à des substances exogènes (alcool, médicaments)
5. Déficits cognitifs qui ne surviennent pas uniquement lors d'un délire
6. Déficits cognitifs qui ne s'expliquent pas par une maladie psychiatrique primaire (dépression majeure ou schizophrénie)

D'après l'échelle de détérioration globale de Reisberg *et al.* (1982), la maladie d'Alzheimer comporte 7 stades. Les 3 premiers stades annoncent l'installation lente des troubles de la mémoire, les stades suivants présentent les difficultés d'agnosie, d'apraxie et d'aphasie ainsi que la présence des troubles de comportements, agitation, agressivité et perturbation du cycle circadien (sommeil-veille). Les derniers stades de la maladie se vivent généralement en institution et le stade terminal est marqué par un état grabataire.

Échelle de détérioration globale de la maladie d'Alzheimer d'après Reisberg (1982)

1. Normal
2. Plaintes mnésiques subjectives mais examen normal
3. Difficultés observées par les membres de la famille concernant le travail, les déplacements dans des endroits inhabituels ; légère diminution de la mémoire à l'examen objectif
4. Diminution de la capacité de voyager, de compter, de se rappeler les faits courants
5. Besoin d'aide pour le choix de ses vêtements ; désorientation dans le temps et dans l'espace ; difficulté à se rappeler le nom de ses petits-enfants
6. Besoin de supervision pour manger et faire sa toilette ; incontinence vésicale ; désorientation dans le temps et dans l'espace et peut-être par rapport aux personnes
7. Altération marquée du discours, incontinence double et raideur musculaire

Le processus confusionnel

Le processus confusionnel est un problème psychologique qui se caractérise d'abord par un trouble de la perception et s'accompagne toujours d'une désorientation spatiotemporelle. Les données de notre étude sont tirées de Beaudin, Lalonde et Delisle-Lapierre (1981) et du DSM-IV (2000).

Quelles sont les caractéristiques cognitives, somatiques et comportementales de la personne âgée dans un état confusionnel ?

Les *caractéristiques cognitives* se présentent sous la forme de difficultés à se rappeler des souvenirs, d'un manque de lucidité au niveau de la pensée (idées confuses), d'une difficulté à fixer son attention, d'une diminution de l'énergie mentale et d'une désorientation spatiotemporelle. La personne âgée confuse est incapable de porter un jugement, et la capacité d'autoanalyse est diminuée. Elle croit souvent être des personnes qui ne sont pas celles qu'elles pensent.

Les *caractéristiques somatiques* comprennent un affaiblissement de l'état de santé général : faciès pale, peau flasque, déshydratation, hyperthermie, tachycardie et augmentation de l'urémie. Le sommeil de la personne confuse est fait de courtes périodes, et la confusion peut être plus évidente la nuit.

Les *caractéristiques comportementales* les plus observées sont l'agressivité, la méfiance, l'hostilité, les changements abrupts d'humeur, la passivité et le repli sur soi, le retrait et l'égarement. La régression amène souvent l'incontinence urinaire et fécale.

Le processus confusionnel aurait pour *causes*, la fièvre, un surdosage ou un mauvais dosage de médicaments, un déménagement, des sentiments d'inutilité et d'isolement, une routine immuable ou des locaux tous identiques, comme dans un hôpital. Le manque d'informations sur la date, l'heure, la température, les événements courants n'aide pas au maintien de points de repère spatiotemporels.

La confusion est considérée comme un processus *réversible*. Elle existe à des degrés divers et n'est pas nécessairement constante chez une personne. Toute confusion doit être considérée comme un état modifiable, jusqu'à preuve du contraire.

> *Yvonne, à 72 ans, vient d'être admise à l'urgence d'un hôpital. Elle a été trouvée inconsciente dans sa maison par une de ses nièces qui passait la visiter. La nuit surtout, elle se promène en criant que quelqu'un lui a volé son argent et qu'elle s'en retourne à la maison tout de suite. Lorsqu'on lui parle doucement, elle se calme et se recouche. Son état de santé dénote un affaiblissement général dû à une mauvaise alimentation. Parfois, Yvonne reconnaît sa nièce qui vient la visiter, parfois non.*

Beaudin, Lalonde et Delisle-Lapierre (1981) préconisent quelques *mesures d'intervention*, d'abord pour arrêter le processus de confusion et ensuite pour maintenir la lucidité.

- Des mesures pour enrayer la confusion :
  - établir un environnement calme et heureux,
  - utiliser un ensemble de routines,
  - répondre simplement aux questions de la personne,
  - parler clairement, pas trop fort, avec un langage propre à l'adulte,
  - guider la personne dans le temps et l'espace, lui indiquant la date et le lieu,

- faire parler la personne pour lui permettre d'exprimer ses souvenirs,
- avoir recours à un programme d'orientation vers la réalité.

– Des mesures pour maintenir la lucidité :
  - favoriser l'autonomie et l'intégration du moi,
  - faciliter les relations interpersonnelles,
  - fournir une relation d'aide efficace,
  - permettre une bonne mobilité physique et mentale,
  - permettre à la personne de s'impliquer suffisamment dans la vie pour conserver un sens à celle-ci.

Il importe d'aimer et de respecter la personne confuse et d'éviter toute forme d'infantilisation à son endroit. Malgré son égarement temporaire, elle demeure une personne adulte, qui a droit au respect, à des attitudes et à un langage d'adulte.

La dépression

Sa fréquence chez les personnes âgées

La dépression serait le problème de santé mentale le plus fréquent chez les aînés (Conseil des aînés, 2001). Le CCNTA (1999), rapporte qu'environ 3 % des aînés canadiens vivant dans les collectivités sont atteints de dépression. Ce pourcentage augmenterait de façon significative pour les aînés vivant en institution.

Dans beaucoup d'études sur le vieillissement, dépression et processus normal de la vieillesse sont intimement liés. Wilson et Kneisl (1982) résument ainsi cette orientation : « La dépression est une réaction familière chez l'individu qui vieillit. Son incidence, chez les personnes âgées dépasse de 20 % à 60 % celle de la population plus jeune. » Pourtant, les recherches effectuées dans divers pays ne rejoignent pas ces conclusions pessimistes et remettent en question l'association automatique du vieillissement et de la dépression. Selon Cappeliez (1991), les recherches actuelles suggèrent que 20 % à 25 % des personnes âgées semblent manifester des troubles de l'humeur (morosité, pessimisme) à différents degrés. La moitié de ces cas présentent des symptômes plus dépressifs et, parmi ceux-ci, la moitié, c'est-à-dire entre 5 % et 8 % de la population âgée totale, correspondraient aux critères d'une dépression clinique. De plus, toujours selon Cappeliez (1991), certaines études (Bland *et al.*, 1988 ; Myers *et al.*, 1984) ont révélé que les groupes plus jeunes, spécialement les 25-44 ans, présenteraient une proportion plus élevée de dépression que chez les gens âgés, soit environ 10 %, par rapport à 5 % chez les personnes de 65 ans et plus. Le CCNTA (1999) stipule que la dépression est souvent sous-diagnostiquée et peu traitée chez les aînés parce qu'elle est masquée par d'autres problématiques ou confondue avec celles-ci et que les symptômes observés sont considérés comme faisant partie du vieillissement normal.

LES SYMPTÔMES DE LA DÉPRESSION

Il ne s'agit pas ici de la réaction normale à une perte, qui se traduit souvent par l'apparition d'une humeur négative et de certains symptômes qui ne durent pas. Lorsqu'il s'agit d'une véritable dépression ou dépression « clinique », les symptômes sont plus graves et tendent à persister. Les voici, tels que rapportés dans Cappeliez (1991).

Les changements de comportement

- ralentissement général ou agitation,
- perte d'intérêt, de plaisir face aux activités qui en généraient normalement,
- repli sur soi, diminution des activités sociales.

Les changements émotionnels

- tristesse marquée ou sentiment de vide,
- démoralisation, désespoir,
- irritabilité,
- anxiété.

Les changements cognitifs

- difficultés de concentration et de mémoire,
- autocritique, dévalorisation de soi,
- pensées suicidaires.

Les changements physiques

- troubles du sommeil (réveils matinaux précoces, insomnie, etc.),
- fatigue chronique, perte d'énergie,
- perte de l'appétit,
- perte d'intérêt pour les activités sexuelles,
- maux physiques (constipation, maux de tête, etc.).

Il devient alors important de ne pas négliger les symptômes de dépression chez les personnes âgées et d'être vigilant à cet égard auprès des professionnels de la santé pour s'assurer que l'aîné est traité en fonction de ce problème et qu'il ne sera pas relié simplement au phénomène normal du vieillissement. D'ailleurs Mishara (1999) mentionne à ce sujet que beaucoup de professionnels de la santé négligent d'intervenir auprès des aînés en pensant que ceux-ci ne profiteront pas autant de l'aide psychologique que les plus jeunes. Pourtant, les recherches indiquent que les aînés profitent autant, sinon plus, des psychothérapies que les autres groupes d'âge et qu'il est important de leur offrir un soulagement à leur douleur pour favoriser une meilleure santé mentale.

Bien que le tableau des symptômes soit clair, il est parfois difficile de diagnostiquer une dépression chez la personne âgée. En effet, certains symptômes sont semblables à ceux d'autres maladies et, inversement, certaines maladies et certains médicaments produisent des symptômes dépressifs.

> *Marcel a 78 ans. Sa femme est morte il y a deux mois. Depuis quelque temps, il se plaint de maux de tête, de ne pas avoir faim et de se réveiller très tôt le matin. Il ajoute que sa mémoire laisse à désirer. Cependant, il se souvient très bien du nom de ses proches. Ses oublis sont secondaires, par rapport au sentiment croissant d'être inutile et de ne plus vouloir vivre.*

Dans certains cas, il peut s'agir d'une *dépression masquée* (Ruegg *et al.*, 1988), lorsque la personne âgée exprime des plaintes de nature plutôt somatique (constipation, insomnie, maux de tête, fatigue extrême) qu'elle attribuera à son âge. La dépression est alors camouflée par d'autres symptômes que l'humeur négative et les troubles cognitifs.

Certains symptômes cognitifs (difficulté de concentration, difficulté de mémorisation) peuvent nous donner à penser qu'il s'agit de démence plutôt que de dépression. L'adaptation des indices de C.E. Wells (1979) fournie par Vézina, Cappeliez et Landreville (1994) peut aider à déterminer s'il s'agit d'une pseudodémence à caractère dépressif ou d'une démence véritable à prédominance cognitive.

En conclusion, la prudence s'impose dans l'interprétation des symptômes avant d'en venir à un diagnostic de dépression clinique chez la personne âgée.

DÉMENCE OU DÉPRESSION ?

La pseudodémence

- La famille est consciente de l'existence et de la sévérité du problème.
- L'apparition du problème peut être datée.
- Il y a une progression rapide des symptômes.
- La personne se plaint de ses troubles cognitifs, qui sont souvent très détaillés.
- La personne fait peu d'efforts pour accomplir la tâche proposée.
- Les comportements de la personne ne sont pas conformes à la sévérité des déficits.
- La personne répond fréquemment : « Je ne sais pas. »
- La mémoire des faits récents et celle des faits anciens sont également perturbées.
- Certaines tâches sont bien accomplies, alors que d'autres ne le sont pas.

La démence véritable

- La famille n'est pas consciente de l'existence et de la sévérité du problème.
- L'apparition des problèmes ne peut être datée avec précision.
- Les symptômes progressent lentement.
- Il n'y a pas d'antécédent trouble.
- La personne ne se plaint pas de ses troubles cognitifs, qui semblent très vagues.
- La personne fait beaucoup d'efforts pour accomplir la tâche proposée.
- Les comportements sont conformes à la sévérité des déficits.
- La personne répond de façon approximative.
- La mémoire des faits récents est plus touchée que celle des faits anciens.
- La performance est toujours faible dans les tâches de difficultés similaires.

Prévenir la dépression chez la personne âgée

Cappeliez (1991) jette un regard sur les facteurs qui permettent d'éloigner la dépression. D'abord, les *activités physiques et sociales* sont importantes. L'activité physique renouvelle l'énergie, et l'activité sociale stimule intellectuellement et émotivement la personne âgée, grâce à un réseau de soutien qui joue un rôle prépondérant dans le maintien de la santé mentale. Il apparaît clairement que la personne âgée qui peut compter sur un confident lutte mieux contre la dépression.

Les personnes qui cherchent des moyens de résoudre des difficultés se révèlent plus fortes que celles qui s'orientent plutôt vers la répression des émotions. Il semble aussi que celles qui conservent une certaine autonomie interne, un pouvoir de décision, sont davantage armées contre la dépression que celles qui attribuent aux autres ou aux événements le pouvoir de diriger leur vie.

Enfin, l'ouverture d'esprit, le sens qu'on donne à sa propre existence (Wong, 1989) et à son vieillissement sont tous des facteurs qui jouent un rôle dans l'éloignement de la dépression.

L'hypocondrie

Après la dépression, l'hypocondrie est probablement le problème psychologique le plus fréquent chez les personnes âgées. La personne qui souffre d'hypocondrie est souvent isolée, anxieuse et hostile. La préoccupation excessive qu'elle entretient à l'égard de son corps et de ses malaises fait qu'elle se retire de son entourage, investit de moins en moins dans d'autres activités extérieures. La personne âgée qui voit un échec dans sa vie se sent dans une position difficile. Pour justifier cet échec, l'identification d'une raison physique est utile et prévient la perte douloureuse de l'estime de soi. C'est pourquoi le symptôme dénoncé est si tenace. La maladie devient la raison de vivre de cette personne, et tous les efforts mis en œuvre pour la convaincre qu'elle n'a aucune maladie restent vains.

L'aide thérapeutique peut prendre la forme d'une écoute attentive, mais il faut demeurer ferme vis-à-vis des demandes répétées de médicaments et d'examens médicaux. Aider la personne âgée à se trouver des intérêts et des activités intéressantes dans son entourage lui permettra de diminuer progressivement le repli sur soi et alléger le symptôme.

Le suicide

Nos données pour cette section proviennent, en majeure partie de Lavigne-Pley (1987) dont l'étude sur le suicide des aînés a servi de base à la synthèse qui suit, complétée et mise à jour par les études de Mishara (1999) et de Legault et Pinard (1997).

La population en général n'est pas intéressée par le suicide chez les personnes âgées. Le même phénomène chez les jeunes préoccupe davantage et on se dit, de toutes façons, que la personne âgée a quand même eu la chance de vivre jusqu'à un âge avancé (Miller, 1979). De plus, l'accent mis sur la jeunesse et la productivité rejette l'aîné dans la catégorie des personnes moins utiles socialement, d'où l'indifférence sociale face au suicide des personnes âgées.

Aperçu statistique

Selon l'Organisation mondiale de la santé, le taux de suicide des aînés est plus élevé que la moyenne nationale dans tous les pays consultés. Cependant, au Québec, même si le phénomène du suicide a pris beaucoup d'ampleur ces 20 dernières années, le profil statistique ne correspond pas à l'ensemble observé au Canada et aux États-Unis. En effet, le Québec se distingue par un accroissement encore plus important du taux de suicide chez les jeunes et par une stabilité relative du taux de suicide des aînés (Conseil des aînés, 2001). Qu'est-ce qui semble protéger les aînés du Québec contre une augmentation du taux de suicide comparable à celui des jeunes ? Mishara (1999) suggère que la sagesse, c'est-à-dire la capacité de résoudre les problèmes de la vie d'après l'expérience, les valeurs et les priorités de l'aîné assurerait une forme de protection associée à l'âge avancé. Du fait que la personne âgée a appris à composer avec plusieurs difficultés de la vie, elle serait plus habile que la jeune personne à résoudre des problèmes et moins à risque suicidaire que celle-ci.

Au Québec, le taux de suicide chez les personnes âgées est de 14,7 par 100 000 habitants, celui des hommes étant de 28, et celui des femmes de 5 (Bureau du Coroner, 1996). On peut noter que le taux de suicide des femmes âgées de 65 ans et plus n'a pas beaucoup fluctué depuis 25 ans, tandis que le suicide des hommes âgés a augmenté de 20 à 28 par 100 000 habitants pour la même période.

Chez les personnes âgées, toutefois, les statistiques doivent être considérées avec prudence (Charron, 1983 ; Mishara, 1999) à cause du phénomène de la sous-déclaration. Souvent, pour épargner la famille ou pour éviter un scandale, le personnel des centres de soins de longue durée déguise le suicide d'un aîné en mort naturelle. On prétend par exemple, que la personne est décédée d'une crise cardiaque. Mais il s'agit tout de même de 200 Québécois âgés de plus de 60 ans qui se suicident chaque année.

Au Québec, les hommes de 65 ans et plus se suicident quatre fois plus que les femmes du même âge. Une étude effectuée au Bureau du Coroner, au cours des années 1992 à 1995 révèle que les hommes constituent 80 % des suicides de la période étudiée (Pinard, 1997). Comment expliquer ce taux plus élevé chez les hommes ? Quelques hypothèses ont déjà été avancées, soit l'impact de la mise à la retraite et des maladies chroniques, douloureuses et terminales, l'utilisation de moyens radicaux pour se suicider, telles les armes à feu.

Mais pourquoi les hommes réagissent-ils différemment des femmes qui vivent elles aussi des difficultés reliées au vieillissement ? Une recherche propose que les mécanismes adaptatifs différents chez les hommes et les femmes agiraient comme facteur explicatif de l'écart dans le taux de suicide (Canetto, 1992). Les hommes âgés ont des mécanismes adaptatifs plus rigides et moins diversifiés que les femmes âgées. En effet, de par leur socialisation, les hommes ont appris à utiliser des stratégies d'adaptation agressives pour contrôler leur environnement. Ils n'ont pas développé l'écoute de leurs besoins personnels ni le domaine de la relation interpersonnelle, qu'ils laissent bien souvent à l'épouse. Ainsi, lorsque se présentent des situations comme le veuvage, l'homme qui n'a pas appris à développer l'intimité se trouve démuni et désespéré face à la menace de l'isolement affectif et social. Le suicide représente ainsi un moyen radical de régler cette crise, d'autant plus qu'il est plus acceptable socialement de la part d'un homme et d'un homme âgé (Legault et Pinard, 1997).

Les causes du suicide

Pourquoi les aînés se suicident-ils ? Il est difficile de saisir les motifs du suicide chez des personnes qui ont vécu 60 ou 70 ans de leur vie en s'adaptant aux événements. Miller (1979) affirme que les personnes âgées qui se suicident font face à une crise telle qu'elles n'en ont jamais connue auparavant et pour laquelle elles n'ont pas d'expérience.

Si les jeunes se suicident surtout en raison de problèmes relationnels avec les parents ou avec les pairs, les gens âgés se suicident plutôt à cause de pertes physiques ou du décès de personnes significatives. Ils veulent surtout en finir avec une situation intolérable.

Selon Miller (1979), la *femme âgée* se suicide à cause d'un problème marital (séparation, divorce). Par contre, il semblerait que le veuvage réussisse mieux à la femme qu'à l'homme, grâce à l'aptitude de celle-ci à poursuivre des relations sociales et des activités bénévoles, à maintenir les contacts avec la parenté, comme nous l'avons mentionné plus haut.

Chez l'*homme âgé*, le suicide se manifeste souvent à la suite d'une mise à la retraite forcée, d'une perte de mobilité et de l'isolement. La cessation du travail et la maladie physique semblent atteindre l'homme dans son estime de soi d'une manière plus radicale que chez la femme. De plus, l'homme est moins porté à demander de l'aide, considérant ce geste comme un signe de faiblesse.

Miller (1979) exprime l'idée qu'en chacun de nous se trouve une limite en dessous de laquelle la qualité de vie devient si pauvre que nous ne désirons plus vivre. Miller appelle cette limite, le *point intolérable*. Dans une situation difficile, ce point devient conscient, et une crise se déclenche. Il y a alors deux voies : certains gardent espoir et demandent de l'aide, alors que les autres ne conservent aucun espoir et se suicident.

Clark et Anderson (1980), cités par Jomphe-Hill (1983), ont défini sept composantes nécessaires au maintien de la qualité de vie des personnes âgées :

- Une autonomie suffisante,
- Des relations satisfaisantes avec autrui,
- Un degré raisonnable de confort physique et psychique,
- Une mobilité physique permettant de varier l'environnement,
- Suffisamment d'implications dans la vie.

Les *pertes* associées au vieillissement sont multiples et diverses et représentent des causes potentielles de suicide des personnes âgées. Selon Miller (1979), l'effet déterminant d'une perte est lié non pas tant à la perte elle-même qu'à son imprévisibilité, à la difficulté d'adaptation de la personne et à la combinaison de la perte avec d'autres problèmes.

Les facteurs de risques élevés

Les facteurs socioéconomiques

Selon Miller (1979), la *retraite* non préparée, chez les hommes qui n'entretiennent pas de relations significatives avec des groupes sociaux, culturels ou religieux, ou qui n'ont pas de réseau de soutien bien défini, constitué de parents ou d'amis, représente une situation à risque. De plus, la retraite entraîne souvent une perte de valeur sociale, une baisse de revenus, une diminution du réseau des relations sociales et amicales et une réduction de l'estime de soi. C'est surtout pour l'homme que la retraite est difficile et représente parfois un état de crise.

Plusieurs chercheurs ont aussi souligné l'importance de la baisse de *revenu* lors de la retraite ou du veuvage, surtout pour la femme, comme facteur de risque élevé. Les problèmes économiques ont une incidence sur la qualité de vie et principalement sur le maintien des relations sociales.

L'isolement

Qu'il soit causé par la retraite, la maladie, la désintégration familiale ou l'entrée dans une institution, l'isolement serait l'un des principaux facteurs de suicide chez les personnes âgées.

Comme il a déjà été mentionné, la mise à la retraite peut entraîner un certain isolement social étant donné la disparition de tout un réseau de personnes relié au contexte de travail. Si la personne n'a pas d'autre réseau de relations ou si la baisse de revenus entraîne un déménagement, donc une coupure par rapport au milieu habituel, le vide social deviendra un facteur important de risques de suicide.

Les personnes âgées qui n'appartiennent pas à un groupe socioculturel ou religieux sont défavorisées par rapport aux autres. Le groupe assure un certain soutien émotif, renforce le sentiment d'utilité et d'estime de soi, permet le dialogue et l'échange et offre une raison de vivre et de s'impliquer. Les hommes ont plus de difficulté que les femmes à s'associer à des groupes après la retraite. C'est souvent à cause de la seule présence de leur femme dans ces différentes associations qu'ils les fréquentent eux-mêmes.

L'isolement est également parfois causé par la maladie. Paralysée, confinée à sa chambre ou à son logement, la personne âgée en perte d'autonomie physique peut souffrir de solitude.

Le risque de suicide augmente aussi chez la personne âgée qui vient de perdre son conjoint et pour qui les visites des enfants se font rares, soit par éloignement ou désintéressement.

L'institutionnalisation, enfin, décidée sans la participation et le consentement de la personne, associée à la maladie ou à d'autres pertes, renvoie au sentiment d'abandon et augmente la vulnérabilité de la personne âgée.

Le veuvage

Le veuvage demeure un facteur de risque. Les relevés statistiques démontrent que le suicide est plus élevé chez les veufs, avec un taux de 58,9 par 100 000 habitants (Bureau du Coroner du Québec, 1996). L'homme âgé, encore une fois, manifesterait moins d'aptitude à la communication et au maintien d'un réseau social. Dans notre société, c'est davantage la femme qui assume la responsabilité de maintenir l'intégrité de la famille et des différentes relations amicales du couple. Quand l'épouse meurt, l'homme se sent souvent désemparé. Miller (1979) indique que le suicide survient le lendemain ou le surlendemain du décès de la conjointe. Une relation ambivalente avec l'épouse, une mort accidentelle ou subite et un réseau social peu développé ajouteraient au risque attribué au veuvage.

Les maladies physiques et mentales

Selon Miller (1979), la maladie est souvent mentionnée comme motif principal dans des notes laissées par des personnes âgées suicidaires. Une maladie pénible et débilitante est difficilement acceptable, surtout pour les hommes, chez qui la perte de mobilité, la dépendance et la perte d'autonomie ont des effets néfastes sur l'estime de soi. Le risque de suicide est plus élevé pour certaines maladies comme l'épilepsie, les dommages cérébraux, la maladie de Parkinson, le sida et le cancer (Mishara, 1999).

Les pertes sensorielles, surtout au niveau de l'audition et de la vision, peuvent devenir des contraintes importantes dans la réalisation d'activités quotidiennes et sociales qui étaient sources de satisfaction et donnaient un sens à la vie. La personne âgée qui entend ou voit moins peut se sentir isolée et dépressive. Les risques de suicide sont chez elles plus élevés. La dépression est aussi l'indice d'un possible suicide. Elle est un problème psychologique fréquent chez la personne affectée par les pertes, les deuils et les maladies. L'entrée en institution, associée à la maladie, peut entraîner la dépression si la personne craint une détérioration plus grande.

Les indices

Les indices d'ordre verbal

La personne peut exprimer ses idées suicidaires de différentes manières :

- « Ma vie n'a aucun sens, je veux mourir. »
- « Mes enfants seraient mieux sans moi. »
- « Comment peut-on donner son corps à la science ?
- « J'ai trouvé la solution à mes problèmes. »

Les menaces de suicide chez les aînés doivent être prises au sérieux, car ils sont souvent soumis à des situations intolérables dues aux différentes pertes qu'ils vivent.

Les indices d'ordre comportemental

Parmi ceux-ci, on retrouve des gestes tels que :

- faire son testament,
- acheter une arme à feu,
- donner des objets personnels,
- prendre des dispositions funéraires,
- augmenter sa consommation d'alcool ou de médicaments,
- refuser de s'alimenter, de se soigner, de prendre sa médication,
- perdre son intérêt pour des activités autrefois captivantes,
- se négliger sans raison apparente, ne plus faire sa toilette,
- changer d'attitude dans ses relations avec les autres, devenir hostile, s'isoler.

Les indices d'ordre situationnel

On retrouve ici des indices tels que :

- la perte d'autonomie, une maladie grave, terminale ou occasionnant une douleur chronique,
- la dépression.
- des antécédents psychiatriques personnels ou familiaux,
- des antécédents suicidaires, tels une tentative passée ou le suicide d'un membre de la famille.

C'est la manifestation de plusieurs indices qui permettra de supposer la présence d'un potentiel suicidaire et de l'évaluer.

L'évaluation du potentiel suicidaire passe par deux phases, décrites par Morissette (1984). Il s'agit d'abord d'établir l'urgence suicidaire, c'est-à-dire la possibilité du passage à l'acte dans les 48 heures. Cette évaluation tiendra compte de :

- la planification du suicide (le lieu, le moment, la manière),
- la violence et la disponibilité des moyens envisagés, par exemple une arme à feu et des cartouches, ou l'accumulation des médicaments,
- le suicide apparaissant comme l'unique issue,
- la présence ou l'absence d'impulsivité chez la personne.

Il s'agit ensuite d'établir le *risque suicidaire*, soit la possibilité d'un suicide dans les deux prochaines années. On doit alors tenir compte de facteurs tels que :

- risque plus élevé chez l'homme âgé,
- nombre et gravité des tentatives antérieures,
- violence de la méthode choisie,
- isolement social,
- présence d'une maladie physique grave ou d'une douleur chronique,
- deuil et perte,
- abus d'alcool et de médicaments, spécialement antidépresseurs et sédatifs,
- absence de ressources et de réseau social,
- sévérité de la dépression.

Y a-t-il des personnes âgées dans votre entourage qui vous donnent des indices de leur désespoir ? Sont-elles confrontées à des facteurs socioéconomiques déterminants ? Comment pouvez-vous réagir et les aider ?

Prévention et intervention

La prévention doit considérer tous les facteurs à risque (solitude, dépression, pertes, anxiété, maladies, etc.). Pélicier (1978) suggère certains moyens pour contrer la dépression et l'isolement chez la personne âgée. Parmi ceux-ci, on note : amener la personne à rester active physiquement quand cela est possible, l'inciter à favoriser la réadaptation et le recours aux prothèses sensorielles, l'aider à maintenir les interactions sociales, les visites, l'appartenance à un groupe, lui suggérer d'avoir un confident, ce qui est important pour la santé mentale, et de recourir à la psychothérapie.

Sur le plan de l'intervention, bien connaître la personne âgée suicidaire, les facteurs de risque et les indices constitue le meilleur moyen d'intervenir adéquatement. Il n'est pas nécessaire d'être médecin ou thérapeute pour intervenir auprès de ces personnes. Il s'agit, bien souvent, d'avoir de l'empathie, de connaître ses forces et ses limites, et de comprendre la souffrance que peut vivre quelqu'un. Certains croient que de parler du suicide avec une personne pourrait la pousser à poser le geste. Mais il semble, au contraire, que la personne sera soulagée d'en parler. Il est important aussi que l'intervenant soit à l'aise avec le processus du deuil, si fréquent dans la clientèle âgée.

Lavigne-Pley (1987) suggère les pistes d'intervention suivantes :

- faire preuve de compréhension, de disponibilité, de chaleur,
- encourager la personne à exprimer ses frustrations,
- montrer de l'intérêt pour elle et se soucier de son bien-être,
- prendre des moyens concrets pour l'aider à sortir de son désespoir (organiser des visites régulières, informer la famille du sérieux de la situation, être soi-même confident, en l'absence d'un confident),
- trouver une personne significative qui pourrait redonner de l'espoir,
- avoir une attitude sympathique mais ferme,
- ne pas cacher aux autres intervenants l'état de la personne,
- s'il y a eu tentative de suicide, en discuter avec la personne.

En vieillissant, plusieurs personnes âgées perdent de vue leurs réussites, le sens de leur vie et souffrent d'une baisse d'estime de soi. Cette situation est fréquente chez les personnes âgées qui vivent des pertes ou des changements difficiles dus à la maladie ou à l'institutionnalisation forcée. Deux interventions peuvent alors aider à rétablir une vision de soi et de la vie plus positive et diminuer les risques de problèmes plus sévères.

Une première intervention consiste simplement à aider la personne âgée à identifier l'*héritage* tangible et intangible qu'elle laisse aux autres. Cette expérience aidera la personne à redonner une signification à son existence. Il est important de nommer cet héritage et aussi de le justifier dans la démarche entreprise avec la personne âgée. L'héritage *tangible* peut être constitué de maisons, d'argent, de propriétés, de collections, d'objets d'art, de possessions personnelles, d'enfants, d'amis, de famille, de réalisations, de contributions. Quant à l'héritage *intangible*, il est constitué de certaines forces que la personne âgée laisse à ceux qui la suivent, comme le courage, l'endurance, l'intégrité, la sagesse, la connaissance, l'humour, la flexibilité, l'honnêteté, la générosité, la créativité. Cet héritage intangible peut ajouter à la signification de l'étape de la vieillesse et ainsi contribuer à réduire les malaises psychologiques qui lui sont associés.

Pour Butler (1963), la « *revue de vie* » est une seconde forme d'intervention possible. Il s'agit d'un processus mental, universel et naturel, caractérisé par le retour progressif à la conscience des expériences passées, lesquelles pourront être intégrées par la personne. Cette démarche n'est pas directement observable, mais se laisse deviner par certains indices. Une humeur songeuse, le retour fréquent des mêmes souvenirs, certaines phrases se rapportant à des événements passés particuliers sont des indications que la personne âgée passe sa vie en revue et la réévalue. Des personnes de tous âges peuvent s'engager dans ce processus universel, sauf qu'il est plus propice à la vieillesse, à cause de la proximité de la mort et de l'obligation dans laquelle elle nous met de fermer le livre de notre vie. Nous verrons cette dernière forme d'intervention plus en détail au chapitre suivant.

Comme nous venons de le voir, certains problèmes psychologiques peuvent interférer dans la marche de tout humain vers l'accomplissement de son être. Cependant, à travers des problématiques parfois douloureuses, des traits d'humanité persistent. Même si la personne âgée peut être réduite à l'état d'enfant par la confusion ou la démence, elle demeure un adulte qui a besoin de notre respect. Quand la maladie devient toute sa vie et que la dépression atteint ses forces vitales, elle a besoin de notre considération pour retrouver un sens et une valeur à son être et à sa vie. L'aîné est plus que ses problèmes, plus qu'un diagnostic, plus qu'un plan de traitement, il est d'abord un autre humain. Peut-on lui refuser la tendresse, qui adoucit bien des misères ?

Références

BEAUDOIN, N., L. LALONDE et I. DELISLE-LAPIERRE (1981). « Le processus confusionnel chez la personne âgée », *L'infirmière canadienne*, octobre, p. 28-29.

BUREAU DU CORONER (1996). *Rapport annuel : 1996*. Gouvernement du Québec, Sainte-Foy, Les Publications du Québec.

BUTLER, R. (1963). « The Life-Review : An Interpretation of Reminiscence in the Aged », *Psychiatry*, 26, p. 65-76.

CAPELIEZ, P. (1991). *Santé mentale et vieillissement*. Conseil consultatif national sur le troisième âge. Ottawa.

CANETTO, S.S. (1992). « Gender and suicide in the elderly ». *Suicide and Life-Threatening Behavior*, 22, 1, p. 80-97.

CHARRON, M.F. (1983). *Le suicide au Québec*. Québec, ministère des Affaires sociales.

CONSEIL DES AÎNÉS (2001). *La réalité des aînés québécois*. Sainte-Foy, Les Publications du Québec.

DSM-IV-TR, (2000). *Diagnostic and Statistical Manual of Mental Disorders.* Washington, American Psychiatric Association.

LAVIGNE-PLEY, C. (1987). « Le suicide chez les adultes âgés », *Revue canadienne de santé mentale communautaire*, 6, 1, p. 57-77.

LEGAULT, A. et C. PINARD (1997). « Le suicide chez les hommes âgés : quand la vieillesse se termine prématurément ! » *Le Gérontophile*, 19, 4, p. 21-27.

MILLER, M. (1979). *Suicide after Sixty : The Final Alternative.* New York, Springer.

MISHARA, B.L. (1999). « Le suicide et les aînés au Québec : Un défi pour l'avenir ». *Frontières*, automne 1999, p. 33-38.

MORISSETTE, P. (1984). *Le suicide : démystification, intervention, prévention.* Bibliothèque nationale du Québec, Bibliothèque nationale du Canada.

PELICIER, Y. (1978). « Le suicide au cours du 3e âge » *L'Actualité en gérontologie*, 15, p. 54-64.

PINARD, C. (1997). *Étude des rapports des coroners sur les personnes âgées suicidées de 1992 à 1995.* Montréal, Suicide-Action Montréal.

REISBERG, B. *et al.*, (1982). « The global deterioration scale for assessement of primary degenerative dementia ». *American Journal of Psychiatry*, 9, p. 1136-1139.

RUEGG, R.G. *et al.* (1988). « Antidepressant drug studies in the elderly », Psychiatric Clinics of North America, 11, p. 215-233.

SOCIÉTÉ D'ALZHEIMER DU CANADA (2006). *Les personnes atteintes de la maladie d'Alzheimer et affections connexes* (statistiques). www.Alzheimer.ca, page consultée en ligne le 6 juin 2006.

VEZINA, J., P. CAPPELIEZ et P. LANDREVILLE (1994). *Psychologie gérontologique.* Montréal, Gaëtan Morin Éditeur.

WILSON, H.S. et C.R. KNEISL (1982). *Soins infirmiers psychiatriques.* Montréal, Le Renouveau pédagogique.

WONG, P.T.P. *et al.* (1987). « Meaning and Purpose in Life and Well-Being : A Life-Span Perspective », *Journal of Gerontology*, 42, 1, p. 44-49.

Chapitre 9
POUR UNE VIEILLESSE SIGNIFICATIVE

La vieillesse est l'une de ces inévitables situations
qui nous font affronter un nœud gordien.
L'énigme à solutionner est celle d'y trouver un sens.

Jacques Laforest, *La vieillesse apprivoisée*

Lorsque plusieurs sources de signification, tels le travail, le statut social, la présence d'amis ou d'un conjoint, l'activité, sont restreintes, comme ce peut être le cas à un âge avancé, répondre à la question : « Pourquoi vivre ? » devient urgent. Rosenmayr (1985) note que la longévité et le rétrécissement des activités physiques possibles pour les aînés confrontent la population avec la réalisation du sens de la vie. La question des pertes physiques, sociales et relationnelles est au cœur de la problématique du sens de la vie chez les personnes âgées. Lavigne-Pley (1987) confirme que les gens âgés se suicident surtout à cause de ces pertes. Bien que la quête de sens s'avère une dimension importante de la qualité de vie, les besoins existentiels des personnes âgées concernant le sens de la vie ne trouvent pas d'appui dans la société en général.

Début de la démarche

Faites une liste de ce que vous considérez comme essentiel dans votre vie.

Classez les éléments de cette liste par ordre d'importance, en allant du plus au moins.

Pourquoi considérez-vous votre premier choix comme essentiel ?

Donne-t-il un sens profond à votre vie ?

Cet élément pourra-t-il garder son sens durant votre vieillesse ?

La société moderne et le sens de la vie

Cole (1984) mentionne que les gains spectaculaires en longévité dus au progrès technique et scientifique, s'accompagnent d'un malaise spirituel et d'une certaine confusion sur le sens de la vie, particulièrement durant le vieil âge. Ainsi, avec la progression des connaissances scientifiques, la société parle de « maîtriser » la vieillesse plutôt que de la vivre, de l'ignorer plutôt que de l'explorer. Tôt ou tard, la science résoudra le problème de la vieillesse, pense-t-on. Actuellement, la science renforce l'hostilité populaire à l'égard du déclin, de la vieillesse et de la mort. Le progrès des sciences et de la technologie, en érodant continuellement le système de croyances, rend la quête de sens encore plus pressante.

De plus, toujours selon Cole (1984), la position sociale qui privilégie une vision des personnes âgées actives, en santé et autonomes, quoiqu'elle soit légitime, a aussi des effets négatifs. C'est un idéal que tous les aînés ne peuvent pas atteindre et qui contribue, par le fait même, à défavoriser les plus démunis et à perpétuer le vide existentiel chez ceux à qui la société occidentale n'offre pas de rôles ni de buts particuliers.

Le sens de la vie est un concept important en psychologie, mais il donne lieu à des recherches limitées (Wong, 1989). La plupart sont centrées sur les liens entre le sens de la vie et les problèmes psychologiques, et ce n'est qu'assez récemment qu'on a mis l'accent sur la relation entre la quête de sens et une vieillesse réussie. Dans les années soixante, les principaux thèmes à l'étude en gérontologie, visaient surtout les théories du désengagement et de l'activité (Maddox, 1964 ; Rose, 1964). Dans les années soixante-dix, la capacité d'agir sur l'environnement semblait essentielle à une vieillesse réussie (Langer et Rodin, 1976 ; Schulz, 1976). C'est durant les années quatre-vingt que les recherches ont été orientées sur le rapport entre le sens de la vie et une vieillesse saine (Antonovsky, 1987 ; Birren et Renner, 1980 ; Cole, 1984 ; Reker, Peacock et Wong, 1987 ; Reker et Wong, 1988). Les recherches sur le sens de la vie et une vieillesse heureuse prennent maintenant un nouvel angle : l'effet des sources de signification provenant de la religion et de la spiritualité sur la vie des aînés. (Voir à ce sujet, Birren et Schaie, 2006 ; Coleman et O'Hanlon, 2004 ; Hamel *et al.*, 2003.)

La quête du sens de la vie représente donc une nouvelle perspective pour l'épanouissement et la promotion de la santé mentale chez les personnes âgées. C'est peut-être une des seules dimensions où la personne puisse expérimenter une croissance continue, malgré les pertes et le déclin physique du vieil âge.

Cette perspective est particulièrement importante pour les malades chroniques et les aînés plus démunis, privés d'activités physiques ou sociales. Le sens de la vie, provenant tant de sources religieuses et spirituelles que séculières, contribue non seulement à la santé mentale mais aussi au maintien du moral en un temps de maladie et d'invalidité. Il appartient à la société mais aussi à la personne elle-même d'explorer les moyens d'augmenter sa signification personnelle pour que la vieillesse demeure le sommet de la vie humaine.

Définition du sens de la vie

Que faut-il entendre par « sens de la vie » ? La littérature existentielle-humaniste fournit des éléments de compréhension de ce concept en le situant d'une double manière. D'abord, c'est une interprétation globale de la vie, une sorte de cadre de référence par lequel une personne intègre dans sa propre compréhension certains événements de sa vie et s'explique le cours de l'existence d'une manière globale. C'est aussi un but à réaliser et des tâches à accomplir qui procurent à la personne, une motivation vitale. Pour Reker et Wong (1988), une bonne compréhension du sens de la vie comporte ces deux types de significations : un cadre de référence ou une philosophie de la vie et des buts dans la vie.

L'interprétation globale de la vie suppose que la personne est en relation avec « quelque chose au-dessus d'elle ». En effet, le « sens cosmique » de la vie (Yalom, 1981) implique une référence de nature spirituelle, à un ordre supérieur qui régit le cosmos. La vie de chaque humain ferait partie de cet ensemble, dont elle recevrait sa cohérence, sa signification. Cette interprétation, pour être significative, doit s'avérer suffisamment complète c'est-à-dire inclure dans ses explications plusieurs ou tous les aspects de la vie. Il s'agit habituellement de philosophies de vie ou de croyances religieuses qui fournissent aux personnes des explications cohérentes de la vie. Reker et Wong (1988) parlent de la *composante cognitive* du sens de la vie comme d'un système de croyances, une vision du monde construite par la personne pour répondre à des préoccupations existentielles, et pour comprendre les événements de la vie et leur attribuer une signification qui réponde au besoin spécifique de cohérence de l'être humain. Les religions, les systèmes de thérapie peuvent devenir de tels cadres de références et aider les gens à donner un sens à leur existence.

Si, par ailleurs, on aborde la question du sens de la vie par le biais des buts à réaliser, une personne peut donner un sens à sa vie qui ne soit pas issu d'un système global d'interprétations, religion ou autre. Ce que Yalom (1981) appelle le sens « terrestre » de la vie comprend des buts, des tâches à accomplir qui suffisent à structurer l'existence et à lui conférer une valeur. Différentes catégories de buts ressortent : l'altruisme, l'engagement dans une cause, la créativité, l'hédonisme, l'actualisation de soi, etc. Pour Wong (1989), c'est la *composante motivationnelle* du sens de la vie qui comprend la poursuite et la réalisation de buts personnels conformes aux valeurs et aux besoins d'une personne. Il semble qu'un but, pour être significatif, doit être à long terme et intégrer beaucoup d'aspects de la vie ou même la vie entière. De tels buts existent lorsque la personne est capable d'engagement de toute sa vie ou de longues périodes de sa vie dans la poursuite d'un but unique.

Le sens de la vie comme but de l'existence est une donnée existentielle fortement reliée à la responsabilité de l'être humain. C'est dans la pensée de Frankl (1988) que cet aspect ressort le plus. « L'homme est responsable de réaliser son but dans la vie. Chaque humain fait face à une question que lui pose l'existence et il ne peut y répondre qu'en prenant sa propre vie en main. » (p. 188). Chacun aurait pour responsabilité de mener à bien une tâche concrète et unique et de réaliser le sens potentiel de chaque situation à laquelle il est confronté. Au fond, chaque personne a une mission à réaliser (Monbourquette, 1999).

Le sens de la vie possède aussi une *composante émotionnelle* qui correspond au sentiment de satisfaction personnelle et d'accomplissement qui découle de la conviction que nos actions sont conformes à nos buts et que notre vie est bien vécue (Rosenmayr, 1985 ; Baird, 1985 ; Wong, 1989). Selon Reker et Wong (1988), le sens de la vie serait incomplet sans cette dimension.

En résumé, le sens de la vie peut être défini comme un système cognitif construit individuellement, comportant une interprétation de la vie qui sert de cadre de référence pour intégrer les événements et aussi des buts ou des tâches importantes à réaliser et procurant à la personne un sentiment de cohérence et d'accomplissement dans le déroulement des différentes situations de sa vie. Le sens de la vie apparaît comme un « médiateur cognitif » qui permet d'interpréter les expériences de la vie pour les intégrer. Il représente aussi une motivation importante, qui guide, inspire les attitudes et les choix et dirige les comportements vers des buts valables pour la personne. Le sens de la vie procure à la personne un sentiment d'intégrité d'accomplissement et de plénitude qui génère la satisfaction personnelle et le bien-être et rejaillit sur sa santé mentale.

Certaines études révèlent l'existence de sources majeures où une personne peut puiser une signification pour sa vie. Frankl (1970a) propose trois catégories de réalités humaines qui procurent un sens à la vie pour la personne qui s'y engage. Il s'agit de l'*action* (création d'œuvres utiles à la société), de l'*expérience* (amour, joie, beauté) et de l'*attitude* (le courage de porter une souffrance inévitable). Weisskopf-Joelson (1968) mentionne l'*amitié* et l'*amour*, l'*art*, la *philosophie de vie*, l'*espoir* et la *créativité* comme des sources possibles de sens. Yalom (1981) propose l'*altruisme*, l'*engagement* dans une cause, la *créativité*, l'*hédonisme* et l'*actualisation de soi*. Des études concernant les catégories de sens de la vie révèlent que les *relations interpersonnelles*, les *croyances*, la *santé*, la *croissance*, le *travail*, le *service*, la *compréhension* apparaissent aussi comme des sources puissantes de signification (De Vogler et Ebersole, 1981 ; Baum et Stewart, 1990).

Parmi toutes ces sources, l'engagement dans les relations interpersonnelles a été décrit comme une composante majeure du sens de la vie et la première à contribuer à donner un sens, le deuxième facteur étant un but dans la vie (Harlow et Newcomb, 1990). Selon Reker et Wong (1988), une personne aura donné d'autant plus de sens à sa vie qu'elle aura de sources de signification. Autrement dit, plus elle aura dérivé de sens de toutes les sources de signification disponibles, plus sa vie aura de sens.

Le concept de dépassement de soi ou de transcendance est relié à la réalisation optimale du sens de la vie. Frankl (1963) est d'avis que la plénitude du sens ne peut être atteinte que dans la transcendance de ses propres intérêts. Ainsi, la réalisation de soi ne peut être une fin en soi ou un but dans la vie, mais demeure une conséquence de la réalisation de buts plutôt centrée à l'extérieur de soi, vers les autres. Une longue tradition spirituelle occidentale invite au dépassement de soi. « L'être humain devrait commencer par lui-même par chercher son être propre, l'intégrer, trouver sa signification personnelle, mais il ne devrait pas finir en lui-même » (Buber, 1961).

Une recherche de Rokeach (1973) propose un système hiérarchique de valeurs, où certaines seraient plus importantes que d'autres. Au niveau le plus bas se trouvent la préoccupation de soi, le plaisir, le confort ; un deuxième niveau comporte la réalisation de soi, la croissance personnelle, la créativité ; au troisième niveau sont situées les valeurs de service aux autres, de dévouement pour une cause sociale ou politique ; enfin, le dernier niveau comprend des valeurs qui transcendent la personne et reposent sur un sens cosmique et ultime, l'Amour universel, l'Amour de Dieu, le respect de l'être humain, etc. Reprenant l'importance de la transcendance en rapport avec un sens de la vie optimal, Reker et Wong (1988) émettent l'hypothèse que plus la personne s'engagera à un haut niveau de valeurs, plus sa vie aura de sens.

Cette importance de rechercher un sens à sa vie dans des sources extérieures à soi est aussi confirmée par Beaumeister (1991), qui situe le grand problème de la quête de sens de la société occidentale dans l'élévation du soi au statut de valeur essentielle. Une valeur essentielle est une valeur ultime, qui trouve sa justification en soi, hors de toute autre valeur. La personne fait quelque chose pour « l'amour de » ses enfants, pour l'honneur, pour l'amour de Dieu, et cela n'a pas besoin d'autre justification. En développant la culture de l'identité, en plaçant la réalisation de soi à la base, notre société et les personnes qui la composent se rendent particulièrement vulnérables face à la mort, car le soi arrive à sa fin avec la mort. C'est une valeur qui trahit au moment où la personne en a le plus besoin.

Importance du sens de la vie pour la santé mentale

La quête du sens de la vie fait partie des besoins essentiels de la personne et par le fait même a un rapport direct évident avec la santé mentale. Nous avons, dans un chapitre antérieur, défini la notion de besoin. C'est un dynamisme, une motivation qui engendre des comportements et des actions destinés à répondre à cette motivation, en vue du fonctionnement optimal de la personne. Selon Maslow, la satisfaction des besoins fondamentaux a un impact majeur sur la santé mentale de la personne. À l'inverse, la non-satisfaction des besoins entraîne des malaises physiques, psychologiques et spirituels.

Quelques chercheurs ont situé le sens de la vie parmi les *besoins fondamentaux de l'être humain*. Maslow (1968) place le sens de la vie au niveau des besoins de réalisation de soi. Maddi (1970), quant à lui, indique que le problème ultime de la théorie de la motivation est de comprendre comment l'humain cherche et trouve le sens de sa vie. Pour lui, la quête de signification est un besoin essentiel, autant que les besoins biologiques et sociaux. Les écrits de Frankl (1963, 1970a, 1970b, 1988) témoignent d'une même orientation : le sens de la vie est la première force motivationnelle de la personne. L'humain est conduit non par son désir ou sa recherche de plaisir, ni par sa soif de pouvoir, mais par sa volonté de donner un sens à son existence. La notion de besoin en rapport avec le sens de la vie est reprise par Beaumeister (1991), qui stipule que la personne a besoin d'un sens à sa vie qui se manifeste de quatre manières : le besoin d'avoir des buts, le besoin de valeurs, le besoin d'efficacité et le besoin de valorisation personnelle. Il ajoute qu'une personne capable de satisfaire ces quatre besoins sentira probablement qu'elle a donné un sens suffisant à sa vie. À l'opposé, le manque de sens proviendra d'un certain degré de non-satisfaction de ces quatre besoins.

Le sens de la vie est perçu comme un besoin humain important qui, lorsqu'il n'est pas comblé, a des effets négatifs sur la santé mentale d'une personne. Quelques chercheurs ont constaté un malaise existentiel relié à l'insatisfaction du besoin de donner un sens à la vie. Ce vide existentiel serait un phénomène largement répandu aujourd'hui. Ainsi, Frankl remarque deux phénomènes : le vide existentiel et la névrose existentielle. Le premier est caractérisé par l'ennui, l'apathie, le sentiment de vide, l'impression d'un manque de direction dans la vie. Cette manifestation semble augmenter en intensité à travers le monde. La névrose existentielle, d'autre part, correspond au fait de combler ce vide par des comportements d'allure névrotique : alcoolisme, dépression, obsessions et délinquance. Frankl retrouve cette névrose existentielle dans 20 % des cas de thérapie qu'il a rencontrés. Il affirme qu'on ne peut saisir la dynamique de la dépression ou de la toxicomanie sans s'attarder au vide existentiel qui les sous-tend. Les crises que subissent les retraités et les gens qui ont peur de vieillir seraient aussi reliées à ce vide existentiel.

Pour sa part, Maddi (1970) définit la maladie existentielle comme un échec dans la recherche du sens de la vie. Son principal symptôme serait l'inhabileté chronique à croire en la valeur et en l'importance des engagements que quelqu'un prend ou projette.

Yalom (1981) identifie la présence du vide existentiel, dans son expérience clinique, par le symptôme de l'activité compulsive (le fait de travailler sans arrêt et de ne jamais prendre de temps pour soi) qui sert à camoufler l'absence de signification valable dans la vie de la personne. Il conclut que le manque de sens est associé à la psychopathologie, tandis que la présence du sens de la vie est reliée à de fortes croyances religieuses, à des valeurs transcendantales, à l'appartenance à des groupes, à un engagement dans une cause et à des buts clairs.

Dans une analyse des notes laissées par des personnes qui se sont suicidées (ou ont tenté de le faire), Klinger (1977) rapporte qu'une proportion significative d'individus souhaitent mourir parce que la vie n'a plus aucun sens pour eux. Le chercheur rappelle aussi qu'une vie sans signification engendre des conséquences pratiques et sociales telles que l'aliénation au travail et dans la famille, les problèmes d'alcool et de drogue et le suicide.

De plus, d'autres études démontrent que l'engagement, qui est une source importante de sens dans la vie, est un excellent indice de bonne santé mentale (Kobasa, 1979 ; Hull, Van Treuren et Virnelli, 1987 ; Antonovsky, 1979). Ce dernier chercheur suggère que le sentiment de cohérence, c'est-à-dire l'impression que le monde et la réalité sont significatifs, protège la personne contre les facteurs de stress douloureux.

Différentes études démontrent un lien entre l'absence de sens dans la vie et un stress incontrôlable, l'abus de drogue et l'alcoolisme (Newcomb et Harlow, 1986 ; Padelford, 1974 ; Jacobson, Ritter et Mueller, 1977).

Toutes ces études convergent pour démontrer que le sens de la vie est associé à la santé mentale et au bien-être psychologique d'une personne. Le manque de sens, à l'opposé, provoque des malaises existentiels et mentaux (Reker, Peacock, Wong, 1987 ; Chamberlain et Zika, 1992). Cependant, cet effort pour faire ressortir l'importance du sens de la vie pour la santé mentale de la personne ne semble pas aboutir à des pratiques professionnelles plus éclairées dans l'intervention auprès des gens. Ruffin (1984) constate que les conseillers en santé mentale, tout en étant informés de certaines contributions théoriques, continuent de voir le sens de la vie comme un sujet appartenant à la philosophie et à la théologie. Yalom (1981) s'interroge sur le manque de connaissances des thérapeutes au sujet du développement du sens de la vie, de la psychopathologie du sens et des stratégies thérapeutiques disponibles pour aider les personnes qui traversent une crise existentielle. Malheureusement, les chercheurs dans le domaine des sciences sociales et les professionnels de la santé ont largement ignoré le sens de la vie et la problématique du vide existentiel (Reker, Peacock, Wong, 1987).

Êtes-vous plus convaincu de l'importance de trouver et de conserver un sens à votre vie pour une meilleure santé mentale ?

Comment pourriez-vous favoriser le développement de cette perspective auprès des aînés ?

Sens de la vie et vieillesse réussie

Le sens de la vie est une notion qui se retrouve parmi les critères qui favorisent une vieillesse réussie. Havighurst, Neugarten et Tobin (1968) ont observé que les gens qui ont une vieillesse réussie sont ceux qui prennent plaisir aux activités quotidiennes, qui ont une vision significative de la vie, qui croient qu'ils ont atteint leurs principaux buts, qui ont une image positive d'eux-mêmes et qui maintiennent des attitudes et des humeurs heureuses et optimistes. De même, Ryff (1987) propose six caractéristiques psychologiques de la santé mentale qui contribuent à une vieillesse épanouie. Parmi ces critères, figure l'existence d'un but dans la vie. Il est opportun de penser que le sens de la vie continue de jouer un rôle important pour la santé mentale des personnes durant la vieillesse.

Les personnes âgées trouvent un sens à leur vie à partir de leur passé, dans leur présent et dans leurs croyances religieuses et leur système de valeurs.

Pour une personne âgée, le passé joue un grand rôle quand il s'agit de s'ajuster au présent et de lui donner un sens (Birren et Hedlund, 1987 ; Butler, 1963 ; Kaminsky, 1984 ; Rakowski, 1975). Tandis que les jeunes recherchent de nouveaux buts pour alimenter le sens de leur vie, les personnes âgées regardent et évaluent leur passé pour en tirer la signification de ce qu'elles ont accompli. C'est une des conclusions d'une recherche menée par Reker, Peacock et Wong (1987) sur le rapport entre le sens de la vie et le bien-être de la personne âgée. Une des tâches principales de la vieillesse est d'intégrer et de transcender les expériences de la vie. D'ailleurs, le développement humain évolue dans le sens d'un retournement du monde extérieur vers le monde intérieur. La personne vieillissante a de plus en plus tendance à la réflexion, son attachement aux choses diminue et elle se questionne davantage sur le sens de sa vie. Ceci est considéré comme un processus universel et générateur de sens par plusieurs chercheurs (Erikson, 1963 ; Buhler, 1959 ; Jung, 1971 ; Neugarten, 1977 ; Butler, 1963 ; Birren, 1964 ; Tornstam, 2005).

Gérard est fier de sa vie. Jeune, il a participé à la guerre comme mécanicien dans l'aviation. Il montre souvent à ses visiteurs ses photos de ce temps-là, en Angleterre. Il s'est marié et a eu de bons enfants. Travailleur et audacieux, Gérard a fondé une entreprise, que sa fille et son fils ont reprise. Il se rappelle souvent ces périodes importantes, remplies de l'amour de sa famille et d'engagements qui nourrissent aujourd'hui ses réflexions et ses conversations avec les autres.

Les aînés trouvent aussi un sens à leur vie dans des sources provenant du présent. Les activités et la productivité dans la routine quotidienne, les liens familiaux significatifs et l'amitié ressortent comme de grands porteurs de sens et de satisfaction personnelle (Kaufman, 1987).

« Ma p'tite vie douce et tranquille avec ma Jeanne, nos activités quotidiennes, le café du matin, les échanges, nos vieux amis, voilà ce qui donne un sens à ma vie. Je remercie le ciel chaque jour pour ce cadeau précieux. »

Les croyances religieuses et les valeurs, lorsqu'elles sont reformulées et prennent un sens adapté à l'âge, offrent aussi des sources de significations possibles pour la personne. Certaines études tendent à démontrer le rôle positif des croyances religieuses quand la personne âgée tente de mettre sa vie et sa mort en perspective et d'apaiser l'angoisse existentielle ressentie devant le déclin physique (Achenbaum, 1985). De plus, selon Blazer et Palmore (1976) et Hendricks et Hendricks (1977), la croyance religieuse tend à être en corrélation avec la satisfaction et le sens de la vie. « Peu importe ce que le monde pense au sujet des expériences religieuses, celui qui les possède détient un grand trésor qui donne un sens à sa vie » (Jung, 1938, p. 113).

> *« Pour ne pas sombrer dans l'inquiétude que me cause souvent ma santé, je prie. Il me semble que Quelqu'un veille sur moi, et je m'en remets à Lui lorsque la peur me prend. »*

Comme plusieurs sources de signification, tels la quête de l'accomplissement, la réussite, le travail, le statut social, les activités, l'autonomie physique, sont souvent menacées ou réduites avec l'âge, le sens de la vie, dans sa dimension plus intérieure, comme les croyances religieuses et les valeurs, devient une source majeure de satisfaction, de croissance et d'identité pour la personne âgée.

> *Est-ce que vous connaissez des personnes âgées qui considèrent leur philosophie de vie ou leurs buts comme importants pour l'accomplissement de leur vieillesse ?*

Stratégie pour le maintien du sens de la vie

Parmi les sources de signification capables d'augmenter ou de maintenir le sens de la vie, quatre stratégies paraissent plus spécialement appropriées. Selon Wong (1989), la réminiscence ou le bilan de vie, l'engagement, l'optimisme et l'adhésion à une religion peuvent aider l'aîné à approfondir la signification personnelle de sa vie.

Réminiscence ou bilan de vie

Wong (1989) emploie les deux termes indifféremment pour désigner une même réalité qui désigne le processus rétrospectif du bilan de vie accompagné d'une réflexion critique sur celle-ci. Les souvenirs évoqués sont alors agréables ou pénibles. Selon Butler (1963), le bilan de vie est un processus universel, déclenché par l'approche de la mort. Cependant, certains auteurs (Molinari et Reichlin, 1985) l'associent plutôt à des transitions, comme le deuil d'un proche, la retraite, la vente d'une propriété ou une perte d'autonomie, qui font émerger chez la personne âgée la conscience plus aiguë de sa finitude. Cette démarche sert à intégrer les conflits passés non résolus, permet de donner une signification à l'ensemble de la vie, préparer à la mort et réduire la peur et l'anxiété.

Le bilan de vie se fait en solitaire ou dans une relation interpersonnelle avec un confident et peut constituer une préparation à la mort, un processus précédant une décision importante ou une forme de relation d'aide pour traverser une crise. Cette démarche peut être entreprise par la personne âgée elle-même à la suite d'un événement difficile ou d'un deuil, ou à un certain moment de la vieillesse, mais elle peut aussi être provoquée par un intervenant s'il en voit la nécessité chez la personne âgée en difficulté.

La démarche du bilan de vie a trois fonctions majeures : *comprendre et accepter son passé ; se préparer à la mort ; mieux vivre son présent.*

Passer en revue certains événements tristes ou joyeux avec le regard de quelqu'un qui a appris de la vie et qui a cheminé permet d'accepter ses réussites et ses erreurs, de faire la paix avec soi et les autres.

Il est plus facile de cheminer vers la mort lorsque les affaires encore en suspens avec les proches ont été réglées. C'est pourquoi le bilan de vie s'accompagne souvent de réconciliations avec des personnes significatives ou de la décision de réparer des erreurs commises lorsque c'est possible.

> *Lucile sait qu'elle va mourir. Elle réfléchit. Son passé ? Elle a donné toute sa vie pour l'enseignement et pour ses enfants. Elle a fait son possible. Maintenant elle peut partir. Peut-être renouer avec sa sœur avec qui elle s'est disputée. Lucile téléphone et reparle à sa sœur. Le temps presse.*

Les personnes qui ont fait un bilan de leur vie ont souvent une meilleure estime d'elles-mêmes un plus grand sens de l'humour et une aptitude renouvelée à vivre au présent. Elles peuvent éprouver des sentiments de paix et de soulagement, une diminution des sentiments dépressifs et un sens plus profond de leur accomplissement et de leur intégrité.

Hétu (2000), qui consacre un livre détaillé et pertinent sur le sujet, dégage quatre composantes de la démarche du bilan de vie : l'amorce, l'immersion, la réaction et l'intégration.

Par l'*amorce*, la personne se remémore un événement. Une question simple et bien formulée de la part d'un intervenant ou un événement présent peuvent déclencher le processus. « Voulez-vous me parler d'un souvenir important pour vous ? » serait un exemple de question pouvant mettre en branle le processus d'une manière ouverte, en laissant place à l'expérience de la personne.

À l'étape d'*immersion*, la personne revient sur l'événement passé, identifie ses sentiments, explore son vécu. L'intervenant l'aide à se centrer sur cette situation et à en dégager tous les aspects qui lui apparaissent.

Un retour aux *réactions, ici et maintenant*, face aux événements passés constitue la troisième étape. En repensant à tout cela aujourd'hui, comment se sent la personne ?

L'étape finale d'*intégration* et de synthèse permet à la personne de tourner la page, de jeter un regard global sur les événements évoqués pour en tirer une conclusion, des apprentissages.

Lewis et Butler (1974) ont suggéré certaines méthodes pour faciliter le bilan de vie : l'autobiographie écrite ou dictée par la personne, un pèlerinage, une recherche généalogique, les albums de photos, les vieilles lettres, la rédaction d'un résumé de sa vie au travail.

Cette stratégie est somme toute centrée sur l'intégration des expériences de la vie. Elle pourrait faciliter l'actualisation de l'étape d'intégrité (Erikson) et le maintien de la signification personnelle durant cette dernière étape de vie.

L'engagement

Plusieurs des chercheurs mentionnés précédemment, ont soulevé l'importance de l'engagement et de la responsabilité pour le maintien du sens de la vie. Se dévouer pour une cause et s'impliquer avec d'autres dans la poursuite de buts, de valeurs, d'idéal sont des manifestations d'une personnalité forte et augmentent la résistance au stress. De plus, la poursuite de buts, même limités au quotidien, procure à l'aîné une satisfaction immédiate en renouvelant l'espoir et l'optimisme (Birren et Schaie, 2006). Cependant, il ne s'agit pas seulement de la réalisation d'activités mais aussi de l'engagement dans des relations significatives, de l'adhésion à des valeurs, à des traditions. L'engagement comporte des dimensions d'investissement de temps et d'énergie et d'affirmation de ses valeurs. Selon les intérêts de chaque personne, l'engagement peut prendre différentes formes : activités agréables, causes sociales, entraide, de petits services rendus aux autres. Le goût pour la vie est un résultat de l'engagement et de l'implication, qui favorisent la créativité (Wong, 1989).

L'optimisme

L'optimisme est une disposition, une attitude qui aide à prendre les événements du bon côté en ayant confiance en un avenir favorable. Reker et Wong (1985) affirment que l'optimisme personnel est une composante importante de l'adaptation réussie à la vieillesse. Pour Havighurst, Neugarten et Tobin (1968), cette force constitue l'élément de base dans une vieillesse heureuse.

Par contre, le pessimisme et le désespoir peuvent conduire une personne âgée au suicide, principalement dans les cas de maladie ou de handicap chroniques. Le maintien du sens de la vie et de l'espoir devient alors particulièrement important.

Wong (1989) suggère des moyens de développer l'optimisme chez la personne âgée par l'anticipation d'événements positifs et réalistes. La possibilité de lire un bon livre, d'écrire des pages aux aspects autobiographiques, de peindre, de faire de la musique, du jardinage, d'apprendre quelque chose de neuf, de donner un coup de main à quelqu'un, tous ces événements dans un avenir immédiat peuvent être vécus (demain, dans une semaine) et provoquent un élan d'optimisme et de motivation. Cultiver l'espoir que des personnes nous aideront, si besoin est, et que quelque chose de bon peut arriver bientôt suffit parfois à maintenir la confiance en la vie et en son sens.

La religion

Les croyances et la pratique religieuses, vécues d'une manière authentique et profonde, ont toujours été considérées comme des sources potentielles de significations personnelles. Une recherche de Blazer et Palmore (1976) confirme que les attitudes religieuses positives et les activités dans ce domaine aident de façon importante la personne âgée à s'adapter, à développer des sentiments d'utilité et de satisfaction, et à donner un sens à sa vie. Récemment, beaucoup de recherches ont vu le jour, spécialement aux États-Unis, mettant en évidence le lien entre la pratique religieuse, les croyances et les significations provenant de la religion et le bien-être physique et psychologique des aînés. Un grand nombre de ces études suggèrent que les personnes âgées qui sont engagées dans une religion tendent à manifester une meilleure santé mentale et physique que celles qui ne vivent pas de croyances ou de pratiques religieuses (Koening, Mc Cullough et Larson, 2001 ; Krause, 2003). En effet, la religion et la spiritualité permettent aux personnes âgées de continuer à vivre, malgré de nombreux obstacles créés par les pertes multiples, en donnant du sens à ces difficultés et à garder un sentiment de maîtrise de leur vie par la signification positive qu'elles peuvent puiser dans les explications spirituelles et dans leur foi (McFadden, 1996).

Les recherches décrivent aussi la pratique religieuse et spirituelle comme une stratégie d'adaptation à la maladie utilisée par les aînés. Pour les personnes institutionnalisées, qui composent avec des maladies chroniques et de la douleur, la pratique religieuse est associée à une amélioration des problèmes médicaux sévères, à un soutien social élevé procuré par les liens avec les membres de l'église fréquentée et à un meilleur fonctionnement cognitif (Koenig *et al.*, 1997).

En ce qui concerne la santé mentale, l'ensemble des recherches démontre que les effets de la pratique religieuse et spirituelle sont favorables au bien-être des aînés. Il semble que l'implication religieuse permette aux aînés de s'adapter aux pertes comme le décès d'un époux ou d'une épouse, de vivre une expérience de croissance psychologique plutôt qu'un sentiment de désespoir devant la maladie et de surmonter même la peur de la mort (Pargament *et al.*, 1995). La pratique religieuse et spirituelle serait aussi associée à une faible présence de symptômes dépressifs chez les aînés (Krause, 2004).

Si la personne âgée le souhaite, certains moyens peuvent être mis à sa disposition pour continuer sa croissance spirituelle : des cassettes, des livres, des émissions de radio et de télévision, une participation aux activités religieuses de son choix, etc. La prière demeure aussi, pour la personne âgée, une manière de rejoindre Dieu et de trouver réconfort et sens dans les moments plus difficiles. Une attitude de respect de la part de l'intervenant face aux croyances religieuses de l'aîné favorisera sûrement son évolution spirituelle et son bien-être psychologique.

À notre époque moderne, où le vide existentiel et la disparition des valeurs de base constituent un malaise, ne devient-il pas important de se poser la question du sens de la vie ? La vieillesse est un temps propice à cette réflexion, mais elle apporte aussi sa réponse. Quand les biens matériels, la santé et les personnes aimées disparaissent progressivement, que reste-t-il de la vie d'un humain ? L'amour qu'il a prodigué à ses semblables, peut-être ?

Simone de Beauvoir (1970) écrivait que la seule solution pour que notre vieillesse ne devienne pas amère désillusion et dérision réside dans la poursuite de buts qui donnent un sens à notre vie. Poursuivre toutes formes d'engagement envers des personnes et des causes et approfondir sans cesse l'amour, l'amitié, la compassion et la tolérance envers les autres humains constituent des façons de remplir nos vies de signification et de nous projeter au-delà du déclin et de la déchéance. Ce sont des pas vers une vieillesse plus humaine.

La vieillesse n'est pas une fin. Bien qu'on ne puisse ignorer les déclins qu'elle entraîne la vieillesse peut être un temps d'accomplissement intérieur et de plénitude de sens. Un amour longuement mûri, qui s'épanouit en tolérance, en compréhension et en tendresse, n'est-ce pas le plus beau cadeau que la vieillesse puisse faire à l'humanité tout entière ? Car, mieux que la science et la technique, la jeunesse et la beauté, le pouvoir et la force, mieux que tout cela l'amour ouvre le chemin du bonheur.

Références

ACHENBAUM, W.A. (1985). « Religion in the lives of the elderly : Contemporary and historical perspectives », dans G. LESNOFF-CAVAGLIA (éd.), *Values, Ethics and Aging*. New York, Human Science Press.

ANTONOVSKY, A. (1979). « Stressful life events, personality and health : An inquiry into hardiness », *Journal of Personality and Social Psychology*, 37, p. 1-11.

ANTONOVSKY, A. (1987). *Unravelling the Mystery of Health*. San Francisco, Jossey Bass.

BAIRD,R.M. (1985). « Meaning in life : Discovered or created ? », *Journal of Religion and Health*, 24, p. 117-123.

BAUM, S.K. et R.B. STEWART (1990). « Sources of meaning through the lifespan », *Psychological Reports*, 67, p. 3-14.

BEAUMEISTER, R.F. (1991). *Meanings of Life*. New York, The Guilford Press.

BIRREN, J.E. (1964). *The Psychology of Aging*. Englewood Cliffs, Prentice Hall.

BIRREN, J.E. et K.W. SCHAIE (éd.) (2006). *Handbook of the Psychology of Aging*, Boston, Elsevier Academic Press.

BIRREN, J.E. et V.J. RENNER(1980). « Concepts and issues of mental health and aging », dans J.E. BIRREN et R.B. SLOANE (éd.) *Handbook of Mental Health and Aging*. Englewood Cliffs (NJ.), Prentice Hall.

BIRREN, J.E. et B. HEDLUND (1987). « Contributions of autobiography to developmental psychology », dans N. ISENBERG (éd.) *Contemporary Topics in Developmental Psychology*. Englewood Cliffs NJ, Prentice Hall.

BLAZER, D. et E. PALMORE (1976). « Religion and aging in a longitudinal panel », *The Gerontologist*, 16, p. 82-85.

BUHLER, C. (1959). « Theoretical observations about life's basic tendencies », *American Journal of Psychotherapy*, 13, p. 561-581.

BUHLER, C. et F. MASSARIK (1968). *The Course of Human Life : A Study of Goals in the Humanistic Perspective*. New York, Springer Pub. Co.

BUTLER, R.N. (1963). « Life Review : An interpretation of reminiscence in the aged », *Psychiatry*, 4, p. 1-18.

COLE, T.R. (1984). « Aging, meaning and well-being : Musings of a cultural historian », *International Journal of Aging and Human Development*, 19, p. 329-336.

COLEMAN, P.G. et A. O'HANLON (2004). *Aging and Development*. New York, Oxford University Press.

CRANDALL, J.E. et R.D. RASMUSSEN (1975). « Purpose in life as related to specific values », *Journal of Clinical Psychology*, 31, p. 483-485.

DE BEAUVOIR, S. (1970). *La vieillesse*. Gallimard.

DE VOGLER, K.L. et P. EBERSOLE (1981). « Adult's meaning in life », *Psychological Reports*, 49, p. 87-90.

ERIKSON, E.H. (1963). *Childhood and Society*. New York, Norton.

FRANK, V.E. (1963). *Man's Search for Meaning*. New York, Washington Square Press.

FRANK, V.E. (1970a). *La psychothérapie et son image de l'homme*. Paris, Resma.

FRANK, V.E. (1970b). *The Will to Meaning*. New York, Scarborough.

FRANKL, V.E. (1988). *Découvrir un sens à sa vie avec la logothérapie*. Montréal : Actualisation, Les Éditions de l'Homme.

HAMEL, S., DUBÉ M., LEFRANÇOIS R. et M. COUTURE (2003). « Actualisation transcendante et activités spirituelles/religieuses chez les personnes âgées de plus de 60 ans », *Revue québécoise de psychologie*, 24, 3, p. 131-155.

HARLOW, L.L. et M.D. NEWCOMB (1990). « Towards a general hierarchical model of meaning and satisfaction in life », *Multivariate Behavioral Reserach*, 25, 3, p. 387-305.

HAVIGHURST, RJ., B.L. NEUGARTEN et S.S. TOBIN (1968). « Personality and patterns of aging », dans B.L. NEUGARTEN (éd.), *Middle Age and Aging*. Chicago, University of Chicago Press.

HENDRICKS, J. et C.D. HENDRICKS (1977). *Aging in Mass Society : Myths and Realities*. Cambridge (Mass.), Winthrop.

HÉTU, J.-L. (2000). *Bilan de vie : Quand le passé nous rattrape*. Montréal, Fides.

HULL, J.G., R.R. VAN TREUREN et S. VIRNELLI (1987). « Hardiness and health : A critique and alternative approach », *Journal of Personality and Social Psychology*, 53, p. 518-530.

JACOBSON, G.R., RITTER, D.P. et MUELLER, L. (1977). « Purpose in life and personal values among adult alcoholics », *Journal of Clinical Psychology*, 30, p. 303-305.

JUNG, C.G. (1971). « The stages of life », dans J. CAMPBELL, *The Portable Jung*. New York, Viking Press.

JUNG, C.G. (1938). *Psychology and Religion*. New Haven, Yale University Press.

KAMINSKY, M. (1984). *The Uses of Reminiscence : New Ways of Working with Older Adults*. New York, The Haworth Press.

KAUFMAN, S.R. (1987). *The Ageless Self: Sources of Meaning in Late Life*. New York, A Meridian Book.

KLINGER, E. (1977). *Meaning and Void*. Minneapolis, University of Minnesota Press.

KOBASA, S.C. (1979). « Stressful life events, personality and health : An inquiry into hardiness », *Journal of Personality and Social Psychology*, 37, p. 1-11.

KOENIG, H. G., M. E. McCULLOUGH et D. B. LARSON (2001). *Handbook of religion and health*. New York, Oxford University Press.

KRAUSE, N. (2003b). « Religious meaning and subjective well-being in late life », *Journal of Gerontology : Social Sciences*, 58B, S160-S170.

KRAUSE, N. (2004b). « Religion and mental health », dans R. HUMMER et C.G. ELLISON (éd.), *Religion, family and health*. Oxford, University Press.

LANGER, E. et J. RODIN (1976). « The effects of choice and enhanced personal responsibility for aged : A field experiment in an institutional setting », *Journal of Personality and Social Psychology*, 34, p. 191-198.

LAVIGNE-PLEY, C. (1987). « Le suicide chez les personnes âgées », *Revue canadienne de santé mentale communautaire*, 6, 1, p. 57-77.

LEWIS, M.I. et R.N. BUTLER (1974). « Life review therapy : Putting memories to work in individual and group psychotherapy », *Geriatrics*, 29, p. 165-173.

MADDOX, G.L. (1964). « Disengagement theory : A critical evaluation », *The Gerontologist*, 4, p. 80-83.

MASLOW, A.H. (1954). *Motivation and Personality*. London, Harper and Row.

MASLOW, A.H. (1968). *Toward a Psychology of Being*. New York, Van Nostrand Reinhold.

MCFADDEN, S. H. (1996b). « Religion, spirituality and aging », dans BIRREN, J.E. et SCHAIE, K.W. (éd.), *Handbook of the Psychology of Aging*. San Diego, Academic Press, p. 162-177.

MERRIAM, S. (1989). « The structure of simple reminiscence », *The Gerontologist*, 29, 6, p. 761-767.

MOLINARI, V. et R. REICHLIN (1985). « Life review reminiscence in the elderly : A review of the literature », *International Journal of Aging and Human Development*, 20, 2, p. 81-92.

MONBOURQUETTE, J. (1999). *À chacun sa mission*. Ottawa, Novalis.

NEUGARTEN, B.L. (1979). « Personality and aging », dans J.E. BIRREN et KW. SCHAIE (éd.), *Handbook of the Psychology of Aging*. New York, Van Nostrand Reinhold.

NEWCOMB, M.D. et L.L. HARLOW (1986). « Life events and substance use among adolescents : Mediating effects of perceived loss of control and meaninglessness in life », *Journal of Personality and Social Psychology*, 51, p. 564-577.

PADELFORD, B.L. (1974). « Relationship between drug involvement and purpose in life », *Journal of Clinical Psychology*, 30, p. 303-305.

PARGAMENT, K. I. *et al.* (1995). « When age meets adversity : religion and coping in the later years », dans KIMBLE, M.A. *et al.* (éd.), *Aging, Spirituality and Religion : A Handbook*. Minneapolis, MN, Fortress Press, p. 47-67.

RAKOWSKI, W. (1979). « Future time perspective in later adulthood : Review and research directions », *Experimental Aging Research*, 5, p. 43-88.

REKER, G.T. et P.T.P. WONG (1985). « Personal optimism, physical and mental health », dans J.E. BIRREN et J. LMNGSTON (éd.) *Cognition, Stress and Aging*. Englewood Cliffs (NJ.), Prentice Hall.

REKER, G.T. et P.T.P. WONG (1988). « Aging as an individual process : Toward a theory of personal meaning », dans J.E. BIRREN et V.L. BENGTSON (éd.) *Handbook of Theories of Aging*. New York, Springer.

ROKEACH, M. (1973). *The Nature of Human Values*. New York, Free Press.

ROSE, A.M. (1964). « A current theoretical issue in social gerontology » *The Gerontologist*, 4, p. 46-50.

ROSENMAYR, L. (1985). « Changing values and positions of aging in Western culture », dans J.E. BIRREN et K.W. SCHAIE (éd.) *Handbook of the Psychology of Aging*. New York, Van Nostrand Reinhold.

RUFFIN, J.E. (1984). « The anxiety of meaninglessness », *Journal of Counseling and Development*, 63, 4042.

RYFF, C. (1987). *The Challenge of Successful Aging*. Discours présenté à l'Association canadienne de gérontologie. Calgary (Alberta).

SCHULZ, R. (1976). « The effects of control and predictability on the psychological and physical well-being of the institutionalized aged », *Journal of Personality and Social Psychology*, 33, p. 563-573.

SODERSTROM, D. et W.E. WRIGHT (1977). « Religious orientation and meaning in life », *Journal of Clinical Psychology*, 33, p. 65-68.

TORNSTAM, L. (2005). *Gerotranscendence : A Developmental Theory of Positive Aging*. New York, Springer Publishing Company.

WEISSKOPF-JOELSON, E. (1968). « Meaning as an integrating factor », dans C. BUHLER et F. MASSARIK (éd.) *The Course of Human Life : A Study of Goals in the Humanistic Perspective*. New York, Springer.

WONG, P.T.P. (1989). « Personal meaning and successful aging », *Psychologie canadienne*, 30, 3, p. 516-525.

YALOM, I.D. (1981). *Existential Psychotherapy*. New York, Basic Books.

ZIKA, S. et K. CHAMBERLAIN (1992). « On the relation between meaning in life and psychological well-being », *British Journal of Psychology*, 83, p. 133-145.

MARQUIS
MEMBRE DU GROUPE SCABRINI
Québec, Canada
2006